KiWi
PAPERBACK
1119

W0247291

Das Buch

Wer sind die Ahl Säu? Was ist Stippeföttche? Wann wird der Nubbel verbrannt, und was ist das überhaupt? Von A wie Ähzebär bis Z wie Zoch gibt der Karnevalsknigge Auskunft über alle relevanten karnevalistischen Themen. Er gibt Insider-Tipps (von Kneipen über Jackentauschbörsen bis zum optimalen Platz beim Rosenmontagszug), präsentiert das wichtigste historische Hintergrundwissen und spart auch nicht mit kritischen Tönen zu unschönen Auswüchsen, denn der echte Karneval hat mit dem Ballermann wenig gemein.

Dank dieses praktischen Ratgebers werden Immis (zu deutsch: Zugereiste) nie mehr kostbare Feierminuten durch orientierungsloses Herumirren verlieren oder falschen Versprechungen Glauben schenken. Bestens unterhalten und bestens vorbereitet durch die Lektüre werden sie den kölschen Karneval mehr genießen können als je zuvor.

Der Klassiker der Karnevalsliteratur nun in neuem Kostüm.

»Wirklich empfehlenswert!« Westfälischer Anzeiger

Die Autorin

Helga Resch, geb. 1965 in Köln, Studium der Germanistik und Anglistik, verheiratet mit einem Hamburger, der Karneval gar nicht mehr schlimm findet, ist Lektorin für ausländische Literatur bei Kiepenheuer & Witsch.

Weitere Titel bei Kiepenheuer & Witsch

Zusammen mit Tobias Bungter: Sprachführer Kölsch, 2004; Sprachführer Kölsch für Fortgeschrittene, 2005.

Helga Resch

Der Karnevalsknigge

Feiern wie die echten Kölschen

Kiepenheuer & Witsch

Auf eine sprachliche Geschlechtskennzeichnung wird zu Gunsten der besseren Lesbarkeit verzichtet. Es sind immer auch die Frauen gemeint, d. h. beispielsweise der Karnevalsjeck kann sowohl männlich als auch weiblich sein.

Überarbeitete Neuauflage 2010

© 2010 by Verlag Kiepenheuer & Witsch, Köln
Umschlaggestaltung: Barbara Thoben, Köln
Umschlagmotiv: © Fotolia / FotoliaV
Gesetzt aus der Dante
Satz: Buch-Werkstatt GmbH, Bad Aibling
Druck und Bindearbeiten: CPI – Clausen & Bosse, Leck
ISBN 978-3-462-04148-4

Inhalt

Des karnevalistischen Pudels Kern

Woran denken Sie, wenn Sie an Karneval denken? An Frohsinn auf Knopfdruck? An alte humorlose Männer in Uniformen, die rotgesichtig zum Takt der Musik in die Hände klatschen? An betrunkene Massen in überfüllten Kneipen? An Humtata und dreifache Tuschs?

Der Karnevalsjeck denkt an etwas anderes und feiert etwas anderes, und wie, wann und warum er das tut, soll dieses Buch erklären. Wobei die Praxis natürlich nicht durch graue Theorie ersetzt werden kann.

Bevor wir uns jedoch in jecke Details stürzen, muss das Wichtigste beschrieben werden, und das ist das karnevalistische Grundgefühl. Weiberfastnacht erfolgt der Startschuss für ein ganz besonderes Fest, das durch den Sitzungskarneval (traditionell *und* alternativ) sowie in zahlreichen Kölner Haushalten von langer Hand vorbereitet wurde und das nun endlich ungebremst gefeiert werden kann. In den meisten Kulturen heißt zu feiern ja nichts anderes, als zu singen, zu tanzen und zu trinken, und genau das tut der Karnevalsjeck mit wahrer Begeisterung. Der Anlass ist der Karneval selbst, und es gibt schlechtere Anlässe zum Feiern. Beim Tanzen, Singen und Trinken wird der Kopf ausgeschaltet, und das tut dem in den meisten Fällen mal ganz gut. Das Kostüm unterstützt diesen Prozess, denn man gibt sich auch äußerlich anders, als man es gemeinhin tut. Statt der Vernunft spielen jetzt Gefühle eine Rolle, vor allem gemeinschaftliche Gefühle: Verbrüderung mit den Mitfeiernden und mit dem Leben an sich, dann tatsächlich so etwas wie Heimatgefühl beim Singen von »Kölle-Liedern« (der Kölner besingt sich gerne selbst, denn das macht ihn stark), Wehmut, Rührung oder Trauer bei melancholischen Balladen (und um zu zeigen, dass man nicht alleine ist, hakt man sich beim Nachbarn ein und schunkelt, denn das tröstet), Spaß am Tanzen und Springen bei schnellen Stücken (ohne cool wirken zu müssen) oder einfach pure Freude beim Mitsingen von lustigen Texten. Wenn eine ganze Kneipe das gleiche Lied singt, entsteht eine ungeheure Atmosphäre, und da die Rhythmen und Stimmungen wechseln, ergibt sich ein wahres Wechselbad der Gefühle, das sich zu einem unverwechselbaren Gesamtzustand (dem Jecksein) verdichtet. Und genau das ist das karnevalistische Grundgefühl. Nach sechs Tagen ist man erschöpft, geistig und körperlich, man hat vielleicht kleinere Katastrophen erlebt, sich verliebt oder gestritten, man hatte einen schlimmen Kater oder glücklich machende Endorphinausschüttungen – vor allem hat man sich alles von der Seele getanzt und gesungen und sich durch diesen karnevalistischen Katharsiseffekt nachhaltig erholt. Man merkt es gleich: Das alles klappt nur mit der richtigen, d. h. kölschen Musik. Kölsch, weil durch den Dialekt das Wir-Gefühl gestärkt und umgekehrt der Nicht-Kölner ein wenig ausgegrenzt wird. Die kölschen Texte, die oft die herrlichsten Metaphern und Wortspiele enthalten, sind für die Stimmung wichtig, denn sie behandeln grundlegende Themen wie

Liebe, Lust, Frust, Familie und die Heimat – oder sie haben schön blödsinnige Texte. Kölsche Lieder bedienen sich der unterschiedlichsten Musikrichtungen, da ist für jeden etwas dabei, von Samba über schottische Weisen bis hin zu rockigen Stücken. Es gibt da leider Fehlentwicklungen, die die Seele des kölschen Liedguts verraten, darauf wird unter dem Stichwort »Karnevalsmusik« näher eingegangen.

Wenn die kölsche Musik fehlt, fehlt der Geist des Karnevals, was man dann feiert, nennt man eine Kostümfete. Auch nicht schlecht, aber eben kein Karneval.

Probieren Sie's aus! Am besten gleich in der nächsten Session.

Die Hauptregeln

Zwischen Weiberfastnacht (Donnerstag) und Karnevalsdienstag gibt es eigentlich nur zwei karnevalistische Stätten:
die Kneipe und die Straße bzw. eine Mischung von beidem.
Und es gibt nur eine Erscheinungsweise: im Kostüm und in
einer Gruppe.

Planung ist hier die halbe Miete, und als Anfänger darf
man sich nicht darauf verlassen, dass sich irgendetwas er-
geben wird. (Darauf vertraut noch nicht mal der echte
Jeck.) Gewisse Punkte müssen im Vorfeld beachtet und
geklärt werden, und gewisse Regeln müssen internalisiert
sein.

Was also müssen Sie wissen, bevor Sie sich nach Köln begeben, um Karneval zu feiern? Wie lauten die Hauptregeln
des karnevalistischen Knigge?

1 Als Anfänger sollten Sie NIE versuchen, allein oder zu
zweit zu feiern, denn das macht keinen Spaß. Verabreden Sie sich mit einer Gruppe, in der sich mindestens
ein Kölner befindet. Es muss kein gebürtiger Kölner
sein, ein karnevalserprobter Zugezogener tut es auch.
Sollte das nicht möglich sein, schließen Sie sich mit Leuten zusammen, von denen Sie wissen, dass man gut mit
ihnen feiern kann.

2   Kommen Sie nicht nur für einen Tag. Gerade als An-
    fänger braucht man eine gewisse Zeit, um den Kultur-
    schock zu überwinden. Kommen Sie Weiberfastnacht
    an, und zwar vormittags.

3   Verkleiden Sie sich, denn um nicht außen vor zu blei-
    ben, muss man sich – auch äußerlich – der Umgebung
    anpassen.

4   Lassen Sie allen unnötigen Ballast zu Hause. Geld und
    Schlüssel in der Hosentasche, viel mehr braucht man
    nicht. Nehmen Sie bloß keine Taschen oder Rucksäcke
    mit, denn die kommen leicht abhanden. Handys sind
    sinnlos, denn zum Telefonieren ist es zu laut. Sie wer-
    den Kneipen betreten, in denen sich so viele Menschen
    befinden, dass Sie das Wort Gedränge völlig neu defi-
    nieren müssen.

5   Auch wenn Sie von diversen Veranstaltungen gehört ha-
    ben, die man sich ansehen sollte, hecheln Sie nicht von
    Termin zu Termin. Sie müssen die Eröffnung des Kar-
    nevals auf dem Altermarkt nicht miterleben – das tun
    die meisten Kölner auch nicht.

6   Suchen Sie sich lieber eine Kneipe. Die Wahl ist von ent-
    scheidender Wichtigkeit. Auch wenn Sie mit dem Zug
    ankommen und das Gefühl haben, hier ist was los: Ent-
    ziehen Sie sich dem Dunstkreis der Altstadt und der In-
    nenstadt, dort finden Sie nur Auswärtige, die Karneval
    feiern möchten, ohne zu wissen, wie man das macht.

Begeben Sie sich in Stadtteile wie das Belgische Viertel, Sülz, Ehrenfeld, Nippes oder die Südstadt. (Das gilt nicht für Rosenmontag. Aber an Rosenmontag sollen Sie ja auch nicht ankommen.)

7   Essen Sie etwas Deftiges: Sie brauchen eine Grundlage.

8   Stecken Sie Ihren Kopf durch die Tür einer Kneipe, in der schon Stimmung zu herrschen scheint. Wenn Sie das Gefühl haben, dort wird gefeiert, gehen Sie hinein. Gehen Sie zunächst an die Theke, und kaufen Sie eine Runde Kölsch, d. h. versorgen Sie alle mit Bier, die mit Ihnen gekommen sind.

9   Jetzt kommt das Wichtigste: Machen Sie sofort mit. Karneval ist keine intellektuelle Leistung, sondern kommt aus dem Bauch, darauf muss man sich einlassen. Bleiben Sie locker, und hören Sie auf, sich selbst zu beobachten. Trinken und schunkeln Sie, singen und tanzen Sie mit! Machen Sie das, was alle tun. Wenn sich einer bei Ihnen einhakt, schütteln Sie ihn nicht ab, sondern lächeln Sie ihn an. Wenn Ihnen einer ein Kölsch über den Arm schüttet, lachen Sie und sagen Sie, das macht nix. Singen Sie mit, auch wenn Sie die Lieder (noch) nicht können. Nerven Sie die Mitfeiernden nicht durch permanente Fragen nach dem Text. Wundern Sie sich nicht, dass manche Leute alle Lieder mit allen Strophen auswendig können. Fragen Sie sie nicht, warum sie das können. Wer jedes Jahr an allen Tagen feiert, kann das.

Versuchen Sie lieber, davon zu profitieren, und lesen Sie ihnen von den Lippen ab.

10 Auch wenn es eng wird: Lassen Sie keine klaustrophobischen Anfälle zu. Es ist in einer Kneipe noch niemand erdrückt worden. Wenn es Ihnen zu eng wird, gehen Sie nicht hinaus, um Luft zu schnappen. Sie kommen dann nämlich nicht mehr rein.

11 Fragen Sie sich nicht, ob so viel Bier gesund ist und ob Sie am nächsten Tag noch sprechen können. Das ist irrelevant.

12 Erst wenn Sie gar nicht mehr können, gehen Sie hinaus, um Luft zu schnappen. Vielleicht ist die Gruppe auf der Straße ja noch netter als die, mit der Sie gekommen sind. Gehen Sie dann wieder hinein. Es dürfte mittlerweile so spät sein, dass das kein Problem mehr ist.

13 Verabreden Sie sich, bevor Sie endgültig nach Hause gehen, d. h. in der gleichen Nacht, mit Ihrer Gruppe für den nächsten Tag. Oder wann Sie miteinander telefonieren. Wenn es Ihnen in einer Kneipe gefallen hat, gehen Sie am nächsten Tag wieder dorthin. Es geht nicht darum, möglichst viel zu sehen, sondern möglichst viel zu feiern.

Wenn Sie diese Regeln beherzigen und auswendig lernen, werden Sie sich im Karneval weder verloren fühlen noch verloren gehen und nie wieder unangenehm auffallen. Mit der Zeit werden Sie vom Anfänger zum Jeck mutieren. Sie werden nie mehr während des Rosenmontagszugs fragen, wann denn die Prinzessin kommt, Sie werden voller Inbrunst schmettern, dass Köln die schönste Stadt der Welt ist, und in diesem Moment sogar daran glauben, Sie werden nie mehr ein Kölsch nur für sich kaufen, Sie werden nie mehr im Kostüm zur Galasitzung gehen, und Sie werden voller Trauer sein, weil am Aschermittwoch alles vorbei ist.

Ähzebär

(= Erbsenbär). In früheren Jahrhunderten wurde der »Ähzebär«, ein mit Erbsenstroh verhüllter Mann, an den Karnevalstagen in der Stadt herumgeführt als Symbol für die Vertreibung des Winters – der Bär als mythologische Gestalt kommt am Ende des Winters aus seiner Höhle wie die Erbsen aus ihren Schoten. Der Ähzebär verschwand aus den Karnevalsgebräuchen, bis er im Herbst 1991 von der Gruppe »Ähzebär un Ko e. V.« wieder ins Leben gerufen wurde. Er ist seitdem ein fester Bestandteil des → GEISTERZUGS.

Ahl Säu

Gruppe des alternativen Karnevals. Die Ahl Säu (Alten Säue) stellen sich jedes Jahr ein anderes Motto, nach dem sich die sehr fantasievollen und aufwendigen Kostüme richten. Ziehen vor dem offiziellen → ROSENMONTAGSZUG den Zugweg entlang.

Alaaf

Ist der kölsche Schlachtruf, auf gar keinen Fall, unter keinen Umständen und niemals zu verwechseln mit Helau, das ist der Schlachtruf der Mainzer oder Düsseldorfer und somit tabu. Bei einer Verwechslung auf

Gnade zu hoffen, wäre verfehlt – irgendwann hat selbst die sprichwörtliche Toleranz der Kölschen ein Ende. Alaaf kommt von »all-af«, also »alles ab«, in Verbindung mit »Kölle« heißt das, alles andere ist weg, Köln steht an erster Stelle. Die Kölner lieben ihre Stadt und tendieren bisweilen zum Größenwahnsinn. Nachweisbar seit 1733, ist der Ausruf aber erheblich älter. Gebräuchlich vor allem im dreifachen »Kölle Alaaf«, wird er in der Karnevalszeit zu allen Gelegenheiten ausgesprochen: Zunächst wird angekündigt, auf wen oder was der Schlachtruf abzielt, z. B. immer wieder gerne »Auf unsere Vaterstadt Colonia und den kölschen Fasteleer«, manchmal aber auch zu Ehren einer bestimmten Gruppe, z. B. im Rosenmontagszug oder auf einer Sitzung: »Auf die Roten Funken« oder auf Kölsch »Op de Rude Funke«, jetzt folgt der wichtigste Teil, »drei-

Alaaf

mol Kölle« oder pathetischer »ein dreifach schallendes Kölle« oder charmanter »dreimol vun Hätze Kölle« (Kölle wird immer als Frage gestellt, um dem Publikum zu signalisieren: »Jetzt seid ihr dran«, worauf die Menge mit »Alaaf« antwortet und die rechte Hand locker seitlich in die Luft streckt (Locker! Seitlich!)). Das Ganze wird dreimal wiederholt.

Ein Beispiel:

Sitzungspräsident: »Op de Paveier, die dä Saal och diesmol widder zum Koche jebraat han, und op dä Gözenich (→ GÜRZENICH) vun Hätze dreimol Kölle?«

Alle: »Alaaf!« (rechte Hand schwingt locker seitlich hoch)

Sitzungspräsident: »Kölle?«

Alle: »Alaaf!«

Sitzungspräsident: »Kölle?«

Alle: »Alaaf!«

Manchmal wird Kölle durch andere ehrungswürdige Dinge ersetzt, z. B. durch Stadtteile, den Namen von Karnevalsgesellschaften oder von Karnevalskünstlern etc. Üblicherweise beginnt man aber mit Kölle, sodass eine Kombination wie »Wir begrüßen die Ehrengarde mit einem dreifach schallenden Kölle?« – »Alaaf!« – »Ehrengarde?« – »Alaaf!« – »Kölle?« – »Alaaf!« gerne gehört wird.

Alkohol

Es wäre nicht ganz ehrlich zu behaupten, dass Alkohol im Karneval keine Rolle spielt. In der Zeit, in der man ein Wasser bestellt und bekommen hat, kann man mindestens drei Kölsch trinken, und die meisten Jecken

schaffen fünf Kölsch. Härtere Sachen bekommt man in den meisten Kneipen nicht, auch nicht auf Nachfrage, es wird nur Kölsch ausgeschenkt. Alkohol enthemmt, das ist nichts Neues, und es ist nur schwer vorstellbar, dass die Stimmung ohne Alkohol ebenso schnell überschwappen würde. Dass mehr Alkohol als üblich getrunken wird, muss auch nicht verdammt werden, denn das ist auf jedem Polterabend, bei jedem Geburtstagsfest und selbst bei der Erstkommunionfeier so. Eine Voraussetzung gilt aber: Der echte Karnevalsjeck trinkt, weil er feiert, nicht umgekehrt, und sich bis zur Besinnungslosigkeit zu betrinken, ist im Karneval ebenso verpönt wie bei anderen Festen auch. Dass man gerade Jugendliche mit Schnapsflaschen und zum Teil völlig betrunken *vor* den Kneipen sieht, ist eine besorgniserregende Entwicklung, gegen die die Stadt vorzugehen versucht, bislang jedoch ohne sichtbaren Erfolg (→ KOMASAUFEN).

Altermarkt

Der Altermarkt – oder Alter Markt (beide Schreibweisen existieren) – ist ein Platz in der Altstadt, liegt gleich neben Dom und Hauptbahnhof und ist der Ort, an dem sowohl am 11.11. die → SESSION als auch an → WEIBERFASTNACHT der Straßenkarneval eröffnet wird. Der Altermarkt bleibt Altermarkt, egal, in welchem grammatikalischen Fall er benutzt wird (→ HOHE STRASSE). Wir treffen uns auf dem Altermarkt (nie auf dem Alten Markt), und den Altermarkt findet man schön (sollte in einer fernen Zukunft die Baustelle wieder verschwinden).

Alternativer Karneval

Bezeichnet alle karnevalistischen Aktivitäten, die nichts mit dem →FESTKOMITEE oder dessen angeschlossenen Vereinen zu tun haben. Was mit der →STUNKSITZUNG 1984 begann, sich in der Session während des Golfkriegs 1991, in der kein offizieller Rosenmontagszug stattfand, spontan auch auf den Straßenkarneval ausweitete, ist mittlerweile zu einem festen Bestandteil des Karnevals mit einem großen Angebot von alternativen Festivitäten geworden. Die alternativen Karnevalisten, die i. d. R. den jüngeren Generationen angehören (oder sagen wir mittlerweile passender, den jüngeren Generationen einmal angehörten), haben keine Lust, sich von den »ahle Büggeln« (wörtlich alte Beutel, gemeint sind fiese alte Männer) den Karneval vorschreiben zu lassen. Die Vorwürfe sind vor allem folgende: Der offizielle Karneval sei humorlos und elitär, alles drehe sich nur um das →KLÜNGELN, die Hierarchie sei festgefahren und ohne Spontaneität, es gehe um Geld und Macht, Frauen seien im Karneval unterdrückt, die Garden seien keine Persiflage, sondern eine Steigerung der Eigenschaften des preußischen Militärs, außer Beförderungen, Pfründen und Bünden hätten die nichts im Sinn. Und das alles stimmt auch – es ist den Jecken im Karneval aber mehr oder weniger egal. »Leider« wachsen offizieller und alternativer Karneval aufeinander zu. Konnte man sich früher noch über die Wortgefechte von Protagonisten wie Hans-Horst Engels (ehemaliger Präsident des Festkomitees) gegen Jürgen Becker (ehemaliger Präsident der Stunksitzung) freuen, weil vor allem die

offiziellen Hüter des kölschen Brauchtums Vorurteile als Vorwürfe formulierten (»Die Stunksitzung will den Karneval kaputt machen!«), gibt sich die jüngere Generation gelassener – hier ist seit der Ägide von Markus Ritterbach einiges geschehen (→FESTKOMITEE), und die Offiziellen feiern fröhlich alternativ, ohne sich rechtfertigen zu müssen. Währenddessen muss sich der alternative Karneval den Vorwurf der Kommerzialisierung gefallen lassen, und die ein oder andere Veranstaltung, in der politisch-soziale Ziele, bierernst vertreten, im Vordergrund stehen, haben mit Fastelovend nicht mehr viel zu tun, da ein verkopfter Karneval ein Widerspruch in sich ist.

Zu den alternativen Aktivitäten zählen u. a. die →STUNK-SITZUNG, der →GEISTERZUG sowie ursprünglich die →NUB-BELVERBRENNUNG, und alle drei Veranstaltungen sind – das geht in Köln sehr schnell – zur schönen Tradition geworden und somit für die Jecken Allgemeingut. Alternative Gruppen sind z. B. die →AHL SÄU. Egal, ob alternativ oder traditionell, der Karnevalsjeck pickt sich aus dem riesigen Gesamtangebot der Veranstaltungen einfach die heraus, zu denen er Lust hat. Und im Straßenkarneval kann man in den →KNEIPEN dann zwischen alternativ oder traditionell eh nicht mehr unterscheiden.

Altstädter

Eines der fünf →TRADITIONSKORPS. Die Altstädter sind leicht an der rot-grünen Farbkombination ihrer Uniform zu erkennen. Zunächst ein Stammtisch, dann ein Kegelklub, der sich aus Viertelbewohnern der Alt-

Die Altstädter

stadt bzw. rund um den Waidmarkt rekrutierte (bevor die Nord-Süd-Fahrt gebaut wurde, war diese Gegend ein gut funktionierendes Veedel), wurde 1922 die Karnevalsgesellschaft »Fidele Altstädter« gegründet. 1924 kam ein eigenes Korps dazu mit einer Uniform nach dem Vorbild der kurkölnischen Stadtsoldaten. Wie die meisten anderen Korpsgesellschaften gliedern sich auch die Altstädter in Untergruppen. In die Reitergruppe können auch Frauen eintreten, was die Altstädter von vielen anderen Karnevalsgesellschaften, vor allem von den anderen Traditionskorps, positiv unterscheidet. Im offiziellen Karneval ist die Frau nämlich nur im Aggregatzustand der Gattin anzutreffen, wobei Ausnahmen die Regel bestätigen → COLOMBINA COLONIA.

Die Altstädter eröffnen an Weiberfastnacht den Straßenkarneval, d. h. sie sind die Gesellschaft, die den Rahmen für die Eröffnung durch den Oberbürgermeister bildet.

Anti-Karneval

Natürlich gibt es Menschen, die den Karneval hassen oder nichts damit anfangen können. Wer an Karneval in Köln bleibt und nicht feiern möchte, der findet zwar Oasen antikarnevalistischer Unterhaltung (Kino, manche Cafés und Restaurants), doch es wird sich nicht vermeiden lassen, permanent mit den Ausläufern des Feierns in Berührung zu kommen. Die echten Karnevalsmuffel bleiben deshalb nicht in Köln, sondern reisen in karnevalistische »Tiefburgen«, um sich dem Fest gar nicht auszusetzen. Und das wird von den Karnevalsjecken durchaus akzeptiert. Der Karneval berührt den Alltag, deshalb kann man sich ihm nicht völlig entziehen: Die Geschäfte haben andere Öffnungszeiten, die Innenstadt ist blockiert, je nachdem, wo man wohnt, ist die Lärmbelästigung enorm, und wenn man Köln verlassen will, stößt man auf irgendeinen → VEEDELSZOCH, der die Straße unpassierbar macht. Wer das nicht mit einem Schmunzeln quittieren kann, sollte auch den Jecken zuliebe für eine Woche verreisen.

Aschermittwoch

Ein trauriger Tag, der oft mit einem großen Kater einhergeht – weniger vom Trinken als vielmehr vom Feier-Entzug. Um nicht in ein großes postkarnevalistisches Loch zu fallen, geht man am Aschermittwoch in geselliger Runde traditionell Fisch essen. Den Tag (den man

24

sich möglichst noch freinehmen sollte, denn dienstags wird es sehr oft noch spät) nutzt man am besten, um die stinkenden Kostüme zu waschen, Glitter und Schminke aus dem Waschbecken zu entfernen und die runtergekommene Wohnung und den geschundenen Körper wieder ein wenig auf Vordermann zu bringen. Mit anderen Worten: Aktionen gegen die Wehmut. Fisch essen geht man mit der Clique, mit der man gefeiert hat oder mit der man sonst wie verbandelt ist. Tischreservierungen sind erforderlich, je nach Bekanntheitsgrad des Restaurants schon Wochen zuvor. Bei »normalen« Kneipen und kleineren Restaurants reicht meist eine Reservierung ein paar Tage vorher. Zum Fischessen geht man nicht im Kostüm, sondern geduscht und mit frisch gewaschenen Haaren. Oft wird Kölsch zum Fisch getrunken, was vielleicht nicht besonders kulinarisch, aber konsequent ist – die Letzten zum Abgewöhnen. Am Aschermittwoch noch einmal ein Kölsch zu viel zu trinken, ist nicht unbedingt Usus, kann aber vorkommen. Schließlich hatte man sich gerade so schön dran gewöhnt und Donnerstag ist schließlich auch noch ein Tag.

Aufzug

Kein Lift, sondern Auftritt der Garden, der Funken, des → DREIGESTIRNS, der → BÜTTENREDNER etc. bei einer → SITZUNG, einem → KOSTÜMBALL oder anderen karnevalistischen Festivitäten.

Auto

Ist aus vielen Gründen das falsche Fortbewegungsmittel und sollte deshalb in einer vom Karneval verschonten Straße abgestellt werden: Die Parkplätze in der Innenstadt sind zwar oft noch frei, doch das sind sie, weil sie am Zugweg liegen, und in der Nacht von Samstag auf Sonntag wird gnadenlos alles abgeschleppt, was dort noch so parkt. Stellt man das Auto zwar in einem Vorort, aber vor einer Kneipe ab, dient es gerne als Ablage für Biergläser, Kostümaccessoires oder müde Körper, das tut nicht jedem Lack gut. Das Gleiche gilt für darauf auftreffende → KAMELLE während der Züge. Man sollte also am besten entweder mit der Bahn nach Köln reisen oder sich vor dem Parken erkundigen, ob das Auto dort stehen bleiben kann.

Bärbelche → HÄNNESCHE

Bagagewagen

Auto, das im Heck offen ist und in dem das Wurfmaterial während der Züge transportiert wird. Denn weder die Fußgruppen noch die Pferde können alles auf einmal tragen. Gegen Bons, die von den entsprechenden Zugteilnehmern vorher gekauft wurden, werden je nach Bedarf die → KAMELLE, → STRÜSSJER, Schokoladentafeln etc. abgeholt. Die Fußgruppen holen sich ihren Nachschub selbst, die Reiter haben einen → LÄUFER, der für sie zum Bagagewagen rennt, und auch wenn das ein wenig wie Sklavenarbeit anmutet: Es säh schon ziemlich blöd aus, wenn die Reiter ständig absteigen müss-

26

ten, um ihre Körbe aufzufüllen, und dann vor allem ohne Schemel nicht wieder aufs Pferd kämen.

Bauer

Der Bauer ist Teil des →DREIGESTIRNS und gilt als Stadtbewahrer. Und da Köln eine große Stadt ist, die zu beschützen den ganzen Mann erfordert, bedarf es schon eines »staatse Kääls« (eines stattlichen Kerls), der dieses Amt gewichtig verkörpert. Bereits im Mittelalter findet der Bauer als Schildhalter des Reiches Erwähnung, später wird er Schildhalter der Stadt und nimmt 1825 erstmals im Maskenzug, dem späteren Rosenmontagszug, teil. Die Insignien des Bauern bestehen aus dem Stadtschlüssel, der ihm bei der →PROKLAMATION überreicht wird, sowie dem Dreschflegel, der seine Wehrhaftigkeit symbolisiert.

Becker, Jürgen →STUNKSITZUNG

Berbuer, Karl

Mundartsänger und -komponist, lebte von 1900 bis 1977 in Köln und schrieb zahlreiche Karnevalslieder und →KRÄTZJE, die man auch heute noch kennt und auf Sitzungen hört. Ihm zu Ehren wurde 1987 auf dem Karl-Berbuer-Platz im Severinsviertel ein Brunnen errichtet, der ein Narrenschiff zeigt und somit an das Lied »Heidewitzka, Herr Kapitän« erinnert. Weitere bekannte Lieder Karl Berbuers sind »Wir sind die Eingeborenen von Trizonesien«, das sich mit der Zonenaufteilung nach dem Zweiten Weltkrieg befasst, »Eß dat dann nix Marie« oder »O Mosella«.

Bier

Ist in Köln immer → KÖLSCH (II).

Bierbons

In manchen Kneipen kann man sein Kölsch nicht an der Theke mit Geld bezahlen, sondern man muss am Eingang Bons kaufen. Das ist lästig, weil man nie weiß, wie viel Bier der Abend so mit sich bringt, und deshalb hat man immer Bons übrig. Für die Bedienung ist das aber wohl praktisch, denn das permanente Abkassieren entfällt. Es gibt auch Kneipen, die einen »Mindestverzehr« verlangen, d.h. man muss für z.B. 15 Euro Bons kaufen. Auf eine solche Bauernfängerei darf man sich nicht einlassen, denn man kann ja nicht wissen, ob es einem dort gefällt. Tut es das nicht, ist der Rückzug schwierig bzw. teuer. Man hat viel Geld bezahlt, deshalb vertrinkt man schnell die aufgezwungenen Bons, was auch nicht immer förderlich ist für die Suche nach einer besseren Kneipe.

Also: Auf solche Kneipen ist man nicht angewiesen, die sollte man links liegen lassen.

Bläck Fööss

Eine der beliebtesten Karnevalsgruppen, deren Name darauf zurückgeht, dass sie in den 70er-Jahren ohne Schuhe, d.h. mit nackten (und nicht schwarzen!) Füßen, auftraten. Als sich Ende 1991 Frontmann Tommy Engel von den »Fööss« trennte, war das für die Kölner ein Schock, und alle waren überzeugt, dass dies das Ende der Gruppe bedeutete. Gott sei Dank machten die

28

Blaue Funken

B

Fööss aber weiter, fanden einen neuen Leadsänger und waren und sind in der Lage, herzzerreißende Lieder zu komponieren. Doch für viele Jecken steht fest, dass die Bläck Fööss mit Tommy Engel besser waren.

Blaue Funken

Zur Entstehung der Blauen Funken gibt es zwei Versionen: 1870 soll es innerhalb der → ROTEN FUNKEN zum »Knatsch« gekommen sein, und die »Kölner Funken-Artillerie« wurde als Abspaltung der Roten Funken gegründet, deren Mitglieder blau-weiße Uniformen trugen, um sich deutlich zu unterscheiden. Die zweite Version lautet, dass 1871, dem Jahr der Reichsgründung, aus dem Stammtisch der »Deftigen Bürger« die Blauen Funken gegründet wurden als Würdigung der

Preußen, mit denen sich die Kölner langsam abfanden. Die Uniform der Blauen Funken, deren korrekte Bezeichnung eigentlich Kölner Funken Artillerie lautet, doch das sagt in Köln keiner so, wurde ganz bewusst gewählt. Sie ist der Dragoneruniform altpreußischer Regimenter nachempfunden. Damit unterscheidet sich die Uniform der Blauen Funken nicht nur farblich von der der Roten Funken, sondern auch in Schnitt und Ornamentierung. Die Blauen Funken besitzen eine originale Feldhaubitze, die allerdings nur Kamelle abfeuert. Sie haben ihr Domizil im Sachsenturm am Kartäuser Wall, einem Teil der alten Stadtmauer. Und sie sind die erste Gruppe im Rosenmontagszug.

Blötschkopp

heißt eigentlich Blödmann, doch daran denkt der Kölner mittlerweile erst an zweiter Stelle: Dä Blötschkopp ist Marc Metzger, 2005 noch Nachwuchstalent, heute Büttenstar. Ob bei der → PRINZENPROKLAMATION, den → SITZUNGEN oder in seinem Soloprogramm: Metzger redet, wie ihm der Schnabel gewachsen ist, und dass dabei gerne die erste Reihe und die dort sitzenden Honoratioren ihr Fett wegkriegen, erfreut den gemeinen Jeck außerordentlich. Unbedingt empfehlenswert!

Brings

Kölsche Rockgruppe, bei denen man immer das Gefühl hat, dass sie alles geben und ihnen selbst der 10. Auftritt an einem Abend noch Spaß macht. Hatten 1991 mit »Zo Fooss noh Kölle jon« einen ersten Hit und landeten in der Session 2001 einen Superknaller mit »Superjeile Zick«. Brings sorgt für Fan-Kreischen in den Sälen bei entzückten Mädchen zwischen 15 und 50.

Büttenredner

Einer, der aus einer Bütte, eigentlich einem fassförmigen Stehpult, im Karneval aber oft ein Waschzuber, eine Rede hält, erstmals erwähnt in Köln 1827. Den Büttenredner trifft man auf Sitzungen, und es sind mehr oder weniger in jedem Jahr dieselben – wobei die meisten ohne Bütt auskommen, d. h. frei auf der Bühne stehend ihre Rede halten. Zu den bekannteren Büttenrednern gehören: Dä →BLÖTSCHKOPP, Der Werbefachmann (Bernd Stelter, ja, DER Bernd Stelter!), Ne bergische Jung (Willibert Pauels, im richtigen Leben Diakon), und Dä Mann für alle Fälle alias Guido Cantz. Der Sitzungsgänger hat eine klare Vorstellung von der Qualität eines Büttenredners, die man hemmungslos kundtut. Schließlich muss man eine Meinung haben. Der Profijeck raunt seinem Nachbarn »Der ist schwach, im letzten Jahr war der ganz schlecht« zu, bevor er außerhalb der offiziellen →SITZUNGSPAUSE die Toilette aufsucht oder im Foyer ein Kölsch trinken geht. Manche Büttenredner sind streng genommen gar keine Büttenredner, weil sie nicht nur reden, sondern auch singen, deshalb ist die Grenze zu anderen Karnevalskünstlern fließend. Jeder echte Kölsche steht dem Nachwuchsbüttenredner skeptisch gegenüber – weil er ihn nicht kennt, d. h. er muss ihm zuhören, um sich eine Meinung zu bilden, und das strengt an. Auf einer Sitzung erkennt man den

B

Karnevalsanfänger gerne daran, dass er sich eifrig über alle freut, die die Bühne betreten. Das ist falsch. Der echte Jeck hat seine Lieblinge und verhält sich entsprechend euphorisch, wenn ihr Aufzug angekündigt wird. Und er stöhnt, wenn jemand die Bühne zu betreten droht, den er nicht mag. Also, Unterscheidung ist wichtig. Gepfiffen wird selten, man straft schlechte Vorträge eher durch Unaufmerksamkeit, d.h. man schwad (unterhält sich).

Bützje

Ist ein Küsschen und im Karneval wichtig und üblich. Das Verb dazu ist bütze, Partizip Perfekt jebütz. Ein Bützje ist unverfänglich, vollzieht sich mit gespitzten Lippen und hat nichts mit einem echten Kuss zu tun →KNUTSCHEN. Wenn eine Frau ein Bützje bekommt, sollte sie das einfach annehmen. Das Bützje ist weder blöde Anmache noch sexuelle Belästigung, sondern völlig normal. Sich darüber aufzuregen ist nicht kölsch und vor allem ein Missverständnis. Manche Männer meinen, das ausnutzen zu können, und auch das ist unkölsch und mindestens ein Missverständnis und nicht unter Bützje zu verstehen.

Colombina Colonia

Erste Frauenkarnevalsgesellschaft, 1999 von Annegret Cremer gegründet. Die »Düvjer« (Täubchen) veranstalten eigene Sitzungen und haben jetzt schon über 200 Mitglieder, was das Bedürfnis von Frauen, sich in Karnevalsvereinen zu engagieren, sehr schön spiegelt. Die

Colombinen werden sogar vom Festkomitee als Karnevalsverein anerkannt, allerdings – so weit geht das Verständnis für Frauen im Karneval dann offensichtlich doch nicht – lediglich als »hospitierende« und nicht als »ordentliche« Gesellschaft.

Damensitzung

Da die moderne Frau von heute natürlich ausschließlich Hausfrau und Mutter ist und sich die Zeit frei einteilen kann, finden Damensitzungen in der Woche nachmittags statt. Mit anderen Worten: Frau muss sich für dieses Vergnügen einen halben Tag Urlaub nehmen, wird dafür aber durch eine wirklich gute Stimmung belohnt. Im Verlauf der Sitzung kann es zu gelegentlichen bzw. sich häufenden Übergriffen der »jecken Wiever« auf die auftretenden Künstler kommen, und es werden reichlich →BÜTZJE und →STRÜSSJER verteilt. Für die meisten →KARNEVALISTEN sind die Damensitzungen das Schönste im Sitzungskarneval, weil sie da so richtig geliebt werden und die Stimmung immer gut ist.

Decke Trumm

Für jeden →LAPPENCLOWN und viele Jecken ein Muss: Trommel von ungefähr 1 Meter Durchmesser, die vor den Bauch geschnallt oder auf ein ausgedientes Kinderwagengestell montiert wird. Wird von beiden Seiten mit dicken Klöppeln bespielt und dröhnt den Jecken den richtigen Rhythmus ins Ohr.

Divertissementche

(Aus franz. divertissement = Belustigung, Unterhaltung). Singspiel der Cäcilia Wolkenburg, der Theaterabteilung des Kölner Männer-Gesang-Vereins, in dem echt kölsche Themen in einer Mischung aus Operettenmelodien, Karnevalsliedern und bekannten Schlagern mit Balletteinlagen und kölschem Schauspiel, manchmal sogar komplette Opern dargestellt werden.

1842 gründete sich der Kölner Männer-Gesang-Verein (KMGV) als eine Abspaltung des Dom-Chores, der bereits in dieser Zeit Singspiele aufführte. 1874 wurde die Cäcilia Wolkenburg, kurz »et Zillche« (kölsch für »Cäcilchen«), gegründet und begann mit ihren Fastnachtsspielen. Der Name setzt sich zusammen aus dem Vereinslokal, der noch heute existierenden »Wolkenburg« am Mauritiussteinweg zwischen Neumarkt und Zülpicher Platz, sowie der nahe gelegenen romanischen Kirche St. Cäcilien.

Schon 1874 wurden alle Rollen von Männern bekleidet, auch die Frauenrollen, und die Stücke haben ebenfalls eine lange Tradition. Da alle Sänger Amateure sind, bekommen sie keinen Cent für ihre Auftritte, und das bei bis zu 40 Auftritten innerhalb einer → SESSION. Lediglich die Orchestermusiker werden bezahlt. Spielstätte ist von alters her eine städtische Bühne, heute werden die Divertissementche im Opernhaus aufgeführt, und an Karten zu kommen ist nicht leicht.

Die Stücke befassen sich mit der Kölner Geschichte oder mit kölschen Eigenarten, so hatte das erste Divertissementche der Cäcilia Wolkenburg den Titel »Richmodis von Aducht«, es folgten Stücke wie »Jan un Griet«, »Et Dombaufeß« (Das Dombaufest), »Et Loch in d'r Stadtmor« (Das Loch in der Stadtmauer) und Umdichtungen von klassischen Theaterstücken auf Kölner Verhältnisse.

Dreigestirn

Das Kölner Dreigestirn, auch Trifolium genannt, besteht aus → PRINZ, → BAUER und → JUNGFRAU, und da es sich um eine zentrale Einrichtung des kölschen Karnevals handelt, können ein paar Worte zum Ursprung nicht schaden. Seine Tollität der Prinz, 1823 als Held Carneval eingeführt, regiert das Heer der Narren und verbietet Griesgram, schlechte Laune und alle Sorgen. Seine Deftigkeit der Bauer gilt als Stadtbewahrer und symbolisiert Treue und Tapferkeit, ihre Lieblichkeit die Jungfrau steht für die freie Stadt, die keinem fremden Machtwillen unterworfen ist, und sie verkörpert die Frau im Haus, auch wenn im Kostüm natürlich ein Mann steckt. Damit man das nicht merkt, darf die Jungfrau keinen Bart oder Schnäuzer tragen. Als Einheit treten die drei seit 1883 auf. Während der Nazizeit war die Jungfrau wirklich eine Frau, natürlich nicht, weil die Nazis Frauen unterstützen wollten, sondern weil sie hinter dem Mann in Frauenkleidern eine Spielwiese für Homosexuelle vermuteten.

Das Dreigestirn beendet den → ROSENMONTAGSZUG, wobei Bauer und Jungfrau gemeinsam auf einem Wagen fahren, während der Prinz einen eigenen Wagen für sich beansprucht. Die Reihenfolge steht natürlich fest: Bauer und Jungfrau werden von der →EHRENGARDE angeführt, dann folgt die →PRINZEN-GARDE, und erst dann kommt der Prinz. Die allerletzte Gruppe ist dann allerdings die Müllabfuhr. Das Dreigestirn wird von den →KARNEVALS-

Kölner Dreigestirn

GESELLSCHAFTEN gestellt, d. h. alle drei sind auf jeden Fall Mitglied einer dem → FESTKOMITEE unterstellten Gesellschaft. Bei den Bewerbungen werden zum einen die größeren Gesellschaften bevorzugt, zum anderen aber die Gesellschaften, die in dem entsprechenden Jahr ein Jubiläum feiern. Gibt es in einer Gesellschaft z. B. einen Bauern und einen Prinzen, aber keiner will Jungfrau sein, so ist es durchaus üblich, eine Jungfrau außerhalb der Gesellschaft zu suchen, die dann aber erst in den Verein eintreten muss, bevor sie vorgeschlagen werden darf. Der Präsident der Gesellschaft reicht seine Empfehlung dann beim Festkomitee ein, d. h. das Dreigestirn bewirbt sich inkl. polizeilichem Führungszeugnis. Im März / April des Vorjahres befasst sich das Festkomitee mit den Bewerbungen und trifft eine Vorentscheidung; die Bewerber, die in die engere Wahl kommen, werden dann mit ihrem Präsidenten eingeladen. Es folgen mehrere Bewerbungsgespräche, an denen vonseiten des Festkomitees Präsident und Vize-Präsident und der → PRINZENFÜHRER teilnehmen. Es wird die Verbundenheit mit dem Karneval getestet, vor allem aber die »Jrosche«, d. h. die Finanzkraft. Im Juni / Juli sind die Gespräche dann meist abgeschlossen, und ein Dreigestirn ist gefunden (es sei denn, es gibt einen Skandal, der das Festkomitee bewegt, die Ernennung zurückzuziehen, oder das designierte Dreigestirn bewegt zurückzutreten, oder eine Mischung von beidem). Das Trifolium zahlt vorab gemeinsam mehr als 50 000 Euro an das Festkomitee (Zahlen variieren hier), das dafür aber auch ein wirklich schönes Essen (→ PRINZENESSEN) ausrichtet. Nicht in der Summe enthalten ist

D

das → ORNAT des Dreigestirns, das in der Kostümschneiderei Kante, die auch die Uniformen der meisten Garden herstellt, angefertigt wird.

Der Prinz wird in Rhetorikkursen etc. sitzungsfähig gemacht, damit bestimmte Reizfloskeln wie »Ihr seid dat schönste Publikum!«, »Es dat he ne herrlische Saal« oder »hoffen mir, dat Rusenmondaach dat Sönnsche schön schink« (dass Rosenmontag die Sonne scheint) auch bestimmt fallen. Auf jeder anständigen Sitzung hat das Dreigestirn einen → AUFZUG, sodass am Ende einer durchschnittlich langen Session ca. 350 Aufzüge zusammenkommen. Bauer und Jungfrau sagen meist nicht viel, der Prinz richtet das Wort an das jecke Publikum, das sich dabei mal mehr, mal weniger amüsiert. Prinzen von der Qualität eines Wicky → JUNGGEBURTH, der 1993 als Prinz Wilfried I. »Einmol Prinz zo sin« sang, sind eher selten. Viele Prinzen konnten und können eher über »Spaß an d'r Freud« sprechen als auch Spaß bringen. Da sie aber keine Profis sind, sondern Männer aus dem Leben, darf man das auch nicht so eng sehen.

Die Vorstellung des Dreigestirns auf einer Sitzung wird musikalisch begleitet, d. h. jeder der drei hat ein zu ihm passendes Lied, das von der Kapelle gespielt und von allen gesungen wird.

Es lautet beim Prinzen:
»Ach, wär ich nur ein einzig Mal
ein stolzer Prinz im Karneval.
Dann wärest du Prinzesschen mein (hier singen auch die meisten Kölschen »sein«,

das ist aber falsch bzw. kommt später).

Das wär zu schön, um wahr zu sein. (Nämlich hier)

Das wär so wunderwunderschön,

das wär so wunderwunderschön.

Das wär zu schön, um wahr zu sein.«

Als Nächstes wird der Bauer vorgestellt, meist mit folgendem Lied, das von den Räubern (→MUNDARTGRUPPE) stammt:

»Op däm Maat (Markt), op däm Maat stonn die Bure (Bauern)

Dicke Eier, fule Prumme (faule Pflaumen), lange Mure (Möhren)

Und die Lück (Leute) und die Lück sin am lure (schauen)

Op die Eier, op die Prumme, op die Mure.«

Als Letztes kommt die Jungfrau dran, und bei ihr singt man:

»Oh, wie bist du schön,

oh, wie bist du schön,

so was hat man lange nicht gesehen

so schön, so schön.«

Am →ELFTEN IM ELFTEN hat das Dreigestirn seinen ersten großen Auftritt (allerdings ohne Ornat, denn es ist ja noch nicht →PROKLAMIERT), und es darf das Wort an das jecke Publikum auf dem →ALTERMARKT richten. An dem Tag werden im Rathaus die Verträge unterschrieben, und man wird den Honoratioren der Stadt vorgestellt. In den Tagen vor dem 11.11. erscheinen in der Regel in den Zeitungen die Homestories, d. h. die drei und ihre Familien werden präsentiert, damit sich das närrische Volk schon mal ein Bild machen kann. Im Januar erfolgt die → PROKLAMATION durch den Oberbürgermeister im Gürzenich, kurz vorher zieht das Dreigestirn in die → HOFBURG ein, was mit einem Zug durch Köln und viel Trara vonstattengeht.

Mehr als 100 000 Euro kostet der Spaß insgesamt das Dreigestirn (zu viel Mitleid ist aber nicht angebracht, denn das Geld kommt später mehr oder weniger wieder rein – schließlich trifft man wichtige Leute, und der Klüngelwert steigt …), und einen ganzen Jahresurlaub, denn von der Proklamation bis Aschermittwoch steht der Karneval im Vordergrund. Da bleibt für die Arbeit keine Zeit mehr.

Ehrengarde

Gegründet wurde die Ehrengarde 1902 von Heinrich Stupp, den der damalige Festkomiteepräsident August Wilcke bat, eine neue Reitergruppe für den Rosenmontagszug zu gründen – eine Gruppe, mit der er in jedem Jahr wieder rechnen konnte. Es gab offensichtlich Schwierigkeiten, den Zug aus sich nur für diesen Zweck gründenden Gruppen, die sich nach jedem Rosenmontag wieder auflösten, zu organisieren. Stupp suchte nach einer Möglichkeit, die Gruppe historisch einzubinden, um ein Fortbestehen zu gewährleisten. So entstand die Ehrengarde (Ehrengarden hatte es zu allen Zeiten gegeben, vor allem, wenn hoher Besuch in der Stadt war), die Bauer und Jungfrau zur Seite gestellt werden sollte. Beim ersten Rosenmontagszug der Ehrengarde war diese Aufgabe noch nicht so leicht wahrzunehmen, denn das Dreigestirn wurde von den Elferräten (→ ELFERRAT) der wichtigen Gesellschaften begleitet, die ihren Platz nicht einfach räumen wollten. Doch in Absprache mit Bauer und Jungfrau warteten die Ehrengardisten in einer Seitenstraße auf das Dreigestirn und reihten sich dann vor Bauer und Jungfrau ein. Dieser Platz ist ihnen bis heute geblieben. Seit 1913 stellt die Ehrengarde auch die Adjutanten für Bauer und Jungfrau, d.h. sie begleitet sie während der Session zu allen Veranstaltungen. Die Uniform in ihrer heutigen Form wurde 1925 kreiert; Stupp hatte die Farben grün und gelb (Spinat mit Ei) gewählt aus den Narrenfarben grün, gelb, rot und weiß, die heute noch im Wappen des Festkomitees und z.B. der Kölnischen Karnevalsgesellschaft vorzufinden sind. Die Ehrengarde hat ihr Domizil in der Hahnentorburg am Rudolfplatz.

Eintrittskarte

Es gibt eine gute und eine schlechte Möglichkeit, an Eintrittskarten für Sitzungen und Bälle zu kommen: Bei der guten spielen Beziehungen und → KLÜNGEL eine Rolle, bei der schlechten muss man sich an den offiziellen Vorverkauf wenden. Das Problem dabei ist, dass die Karten für die begehrten Veranstaltungen schon unter der Hand weggehen und gar nicht erst in den Vorverkauf gelangen. Da nutzt es auch nicht immer etwas, wenn man versucht, sich an die Geschäftsstellen der Karnevalsvereine zu wenden: Da in jedem Jahr die gleichen Leute die gleiche Anzahl Karten für die gleichen Veranstaltungen haben wollen, haben Menschen ohne Beziehungen kaum eine Chance, in die Kartenvergabe einzusteigen. Dennoch ist es ratsam, so früh wie möglich bei den Gesellschaften direkt nach Karten zu fragen.

Die Präsidenten der Karnevalsgesellschaften drängen zwar darauf, die Anweisung des Festkomitees zu befolgen und von jeder Veranstaltung einen Teil der Karten an den Kartenbus auf dem Neumarkt zu geben – oft genug werden diese Karten dann aber wieder zurückgekauft, denn es gibt zu viele Menschen, die die o.g. erste Möglichkeit nutzen wollen und können.

Dies gilt für die → SITZUNGEN, aber auch für einen Teil der → KOSTÜMBÄLLE.

Nachdem die → STUNKSITZUNG dem KölnTicket angegliedert wurde, hat sich die Situation hier etwas entspannt. Und seitdem die Lachende Sporthalle eine → LACHENDE KÖLNARENA geworden ist, ist es auch hier zwar schwierig, aber nicht unmöglich, Karten zu ergattern. Schlimmer ist die Kartenlage beim → DIVERTISSEMENTCHE, kritisch bei der Kinderpuppensitzung, bis sie dann bei der → PUPPENSITZUNG mehr oder weniger desolat wird. Glücklich also, wer hier in den Genuss einer Live-Vorstellung kommt.

Die Eintrittskarte sollte sorgsam gelesen werden, denn gerade auf den Sitzungskarten ist vermerkt, wie man zu erscheinen hat, d.h. ob festlich gekleidet oder im Kostüm.

Elf

Närrische Zahl; Interpretationen, warum das so ist, reichen von biblischen Ursprüngen (12 Apostel weniger eins) bis zu stadthistorischen (Köln war von den Franzosen besetzt, und das Wort elf wäre dann ein Initialwort aus den Postulaten der Französischen Revolution e = égalité, l = liberté, f = fraternité). Elftausend Jungfrauen, elf Tränen im Stadtwappen, die Elf als kleinste Schnapszahl – vieles ist denkbar, suchen Sie sich das Einleuchtendste aus.

Elferrat

Ein aus elf Personen bestehender Rat, der während der Sitzung dem Präsidenten zur Seite steht. In vielen Gesellschaften gehören die Männer des Elferrats dem Vorstand an. Während einer →SITZUNG haben sie die Aufgabe, dem Präsidenten zu helfen, d.h. sie verteilen →BÜTZJE, Pralinen, Kölschgläser und andere Präsente, die von entsprechenden Firmen gesponsert werden, an die auftretenden Künstler. Ansonsten dienen sie vor allem der Dekoration bzw. der Animation: Je nach Alter und Beweglichkeit wirken sie bisweilen wie männliche Cheerleader. Aber selbst diese Übereifrigen sind immer noch besser als die saturierten alten Männer, die früher den Elferrat bilden durften. Oft sind die Mitglieder die Einzigen im Saal, die während einer Sitzung Kölsch trinken dürfen (→KALTE ENTE).

Elfter im Elften

Am elften November wird um elf Uhr elf der Karneval eröffnet, d. h. die Session beginnt genau um diese Uhrzeit. Die Ostermann-Gesellschaft richtet auf dem → AL-TERMARKT dieses Volksfest aus, das von 1969 bis 1987 auf dem Ostermann-Platz stattfand, aufgrund von Platzmangel dann jedoch an den Altermarkt verlegt wurde. Doch auch der Altermarkt platzt aus allen Nähten, deshalb wird über eine neuerliche Verlegung diskutiert. Im Prinzip ist es eine Sitzung, die im Freien stattfindet, allerdings treten aus akustischen und anderen praktischen Erwägungen keine Büttenredner auf. Nach der feierlichen Eröffnung durch den Präsidenten der Ostermann-Gesellschaft wird von zehn rückwärts gezählt, bis die Uhr 11.11 Uhr geschlagen hat. Dann ertönt eine Fanfare und dreimol Kölle Alaaf. Man prostet sich zu, freut sich und ist jeck. Die Eröffnung ist ein Spektakel, das in einer Gruppe am meisten Spaß macht, und um gut sehen zu können, muss man sich um ca. 8.00 Uhr dort einfinden. Da der Altermarkt auf allen Seiten von Häusern begrenzt ist, wird es sehr eng, und man braucht sehr lange, um von einer Seite auf die andere zu wechseln. Bei Verabredungen ist es deshalb wichtig, von der richtigen Seite zum Treffpunkt zu gelangen, d. h. von außen möglichst nah an die Stelle heranzukommen, um eine Überquerung im Gedränge zu vermeiden. Je weiter man sich von der Bühne entfernt, desto mehr gerät man in den Einflussbereich der Kneipen, die die Straße mit Karnevalsmusik beschallen und »Feieralternativen« bieten. Die Treppe zum Rathaus ist übrigens gesperrt bzw. der Prominenz vorbehalten.

Die Masse auf dem Altermarkt kann man grob in vier Kategorien einteilen: erstens die Feiernden, zweitens die Trinkenden (um nicht zu sagen die völlig Betrunkenen, und das sind leider vor allem Jugendliche), drittens die Drängelnden und viertens die Zuschauer. Wichtig ist es, die richtige Gruppe zu finden (→KARNEVALSJECKE). Dann steht dem Fest, das offiziell ca. 2 Stunden dauert und oft in den Kneipen rund um den Altermarkt weitergeht, nichts mehr im Wege.

Kostümzwang besteht am 11.11. nicht, aber der echte Karnevalsjeck wird es sich nicht nehmen lassen, ein →KOSTÜM zu tragen. Alte Schuhe sind wichtig, denn es liegt viel Glas auf dem Boden, das ein oder andere Bier schwappt über, und man sollte an dem Tag auch nicht in der Lieblingsjacke auf den Altermarkt kommen …

Engel, Tommy

Sänger, Schauspieler, Schriftsteller, Zigarrenraucher, Harley-Davidson-Fahrer und kölsches Allroundtalent – an seine Bühnenpräsenz kommt keiner ran. Früher Frontmann der →BLÄCK FÖÖSS, heute als Solokünstler allseits beliebt und in Köln so bekannt wie weiland Willy Millowitsch.

Fasching

Der Ausdruck ist in Süddeutschland gebräuchlich, weder ein kölsches noch ein rheinisches Wort und deshalb nie und unter keinen Umständen ein Synonym für Karneval. Aus dem Karnevalswortschatz zu streichen.

45

Fasteleer

Aus einer Kurzform für »Fastelerum« entstanden, eigentlich Fastnacht, heute wie →FASTELOVEND gebraucht als Synonym für Karneval.

Fastelovend

Eigentlich Karnevalsdienstag, aber wie Fasteleer als Synonym für Karneval geläufig. Früher meinte der Ausdruck »Karneval« eher die feine Art zu feiern, d.h. das organisierte Feiern in den Sälen, während der »Fastelovend« das Fest für das Volk auf der Straße war. Diese sprachliche Unterscheidung ist aber verschwunden.

Fernsehkarneval

War noch vor ein paar Jahren der Kölner Karneval im Fernsehen eher unterrepräsentiert, so gibt es mittlerweile eine Unzahl von Sendungen. Der WDR sendet in seinem Fernsehprogramm Jahr für Jahr mehr oder weniger täglich eine Wiederholung der Auftritte des Colonia Duetts, als wäre Karneval Silvester und »Das Beste vom Colonia Duett« »Dinner for One«. Noch schlimmer ist, dass mittlerweile jeder Fernsehsender eine Sitzung kauft, sodass der deutsche Fernsehzuschauer tagtäglich in den zweifelhaften Genuss kommt, sich verstümmelte Karnevalssitzungen anschauen zu können. Damit der Paderborner, Rendsburger oder Annaberger die Sitzung auch verfolgen kann, werden die kölschen Passagen rausgestrichen oder die Auftretenden angehalten, Hochdeutsch zu sprechen. Und damit selbst die zehnte Fernsehsitzung noch sehenswert ist und Abwechslung bietet, dürfen selbst Karnevalskünstler aus der vierten und fünften Liga dem deutschen Fernsehvolk zeigen, was den Kölner Karneval so unverwechselbar macht. Ein Auftritt von DJ Ötzi passt doch wunderbar dazu – und schon haben wir Ballermann in Kölle, und die Massentauglichkeit und Niveaulosigkeit schaffen es so langsam, dass der kölsche Karneval vor die Hunde geht. Also: ausschalten!

Festkomitee

1823 wurde das »Festordnende Comite« gegründet, um den Karneval neu zu ordnen. Heute noch hat das Festkomitee zahlreiche organisatorische Aufgaben, zu denen u.a. der Rosenmontagszug, die Auswahl und → PROKLAMATION des → DREIGESTIRNS, die Verhandlungen mit den Fernsehsendern bezüglich des → FERNSEHKARNE-VALS und der Übertragung des → ROSENMONTAGSZUGES etc. etc. gehören. Der Karneval ist auch Geschäft, und das muss gemacht werden – hier die Balance zu halten ist sicherlich eine der schwierigsten Aufgaben. Konnte man sich früher über das Festkomitee trefflich amüsieren, sich über die Entscheidungen und Äußerungen aufregen und erzürnen, so hat sich seit 2005, als mit Markus Ritterbach eine junge Generation das Ruder übernahm, einiges zum Positiven geändert. Dabei geht es nicht nur um eine »Reformation« der Prinzenproklamation oder die Akzeptanz von alternativen Karnevalsgruppen wie den → ROSA FUNKEN, dem ersten schwulen Karnevalsverein, sondern auch um die unrühmlichen Karnevalskapitel zur Zeit des Nationalsozialismus. War das Thema im Kölner Karneval vormals tabu, übrigens nicht nur beim Festkomitee, sondern auch bei den Gesellschaften, wurden erst in der jüngsten Vergangenheit endlich die Archive für Historiker geöffnet.

Frauen

Karnevalsvereine sind zum größten Teil Männerbünde, und unter Berufung auf alte Traditionen kann man alles Mögliche an den Frauen vorbei veranstalten. Auch wenn bei manchen Karnevalsgesellschaften Frauen zugelassen werden, es wie z. B. bei den → ALTSTÄDTERN eine Untergruppe im Verein gibt, die Frauen die Mitgliedschaft ermöglicht, so spielen Frauen bei den öffentlichen Auftritten und vor allem auf den Sitzungen in den traditionellen KGs eher eine untergeordnete Rolle. Daran haben selbst die → COLOMBINEN nichts geändert. Im mehr oder weniger jugendlichen Alter ist es für Mädchen möglich, in Tanzkorps die Beine zu schmeißen (was dann wiederum vor allem die männlichen Jecken erfreut), ab einem bestimmten Alter begrenzt sich die Mitwirkung in der Karnevalsgesellschaft jedoch mehr oder weniger auf das Bügeln der → SCHAPÖSCHE. Obwohl der alternative Karneval das alles anders machen möchte, leitete dort erstmals 1999 eine Präsident*in* die Stunksitzung. Der Geisterzug hat einen männlichen → ÄHZEBÄR, und der Priester bei der → NUBBELVERBRENNUNG ist ein Mann, ganz zu schweigen natürlich vom Nubbel selbst.

48

Funkenbiwak

Was bei der Jubiläumsfeier 1973 zum 150-jährigen Bestehen der → ROTEN FUNKEN als einmaliges Fest geplant war, ist aufgrund des großen Erfolges zur schönen Tradition geworden. Karnevalssamstag findet ab 10.00 Uhr auf dem Neumarkt der Funkenbiwak statt, d. h. die Roten Funken schlagen ihre Zelte auf und präsentieren auf der Bühne ein Programm, zu dem u. a. ein → AUFZUG des Dreigestirns sowie der → TRADITIONSKORPS gehört. Während des Funkenbiwaks wird das beste Karnevalslied der Session prämiert und der/die Künstler entsprechend geehrt.

Für das leibliche Wohl ist gesorgt, denn es gibt Erbsensuppe (Ähzezupp) und Kölsch – beides muss man natürlich bezahlen.

Funkemarieche

(Solo)tänzerin in den Korpsgesellschaften der Roten Funken und der Blauen Funken. Die Tänzerin der Ehrengarde, Prinzen-Garde und anderer Garden heißt → REGIMENTSTOCHTER, die des Reiterkorps Jan von Werth → MARKETENDERIN. Diese feinen Unterschiede zu kennen, ist nicht wesentlich, und Funkemarieche dient gerne als Sammelbegriff. Die Funkemariechen, erst Ende des 19. Jahrhunderts als solche bezeichnet, gehen historisch auf die Marketenderinnen im 30-jährigen Krieg zurück, die mit den Soldaten zogen und ihnen Waren (und manchmal auch sich selbst) verkauften. Funkemariechen im Karneval waren früher männlichen Geschlechts (vgl. die → JUNGFRAU im → DREIGESTIRN), d. h.

die Tänzerin war ein Mann in Frauenkleidern. 1895 ist erstmals eine Frau erwähnt, die jedoch wieder von Männern abgelöst wurde. Das blieb bei fast allen Gesellschaften so, bis in in den Dreißigerjahren die Nazis dieser Travestie ein Ende setzten. Nach dem Krieg wurde die weibliche Tanzmarie stillschweigend beibehalten, und sie genießt als einzige Frau in der Gesellschaft besonderes Ansehen, wenn sie mit »ihrem Jung«, dem Tanzoffizier, auf den vielen →AUFZÜGEN der Funken mehrere Tänze tanzt.

Geisterzug

Der Geisterzug findet am Karnevalssamstag statt. Wo er startet und wo er endet, sollte man der →TAGESPRESSE oder dem →INTERNET entnehmen, denn in jedem Jahr ist der Zugweg ein anderer. Der Geisterzug wird dem alternativen Karneval zugerechnet, vom Verein »Ähzebär un Ko« organisiert und hat eine politische Komponente, denn die Veranstalter sehen darin gleichzeitig eine Demonstration gegen Arbeitslosigkeit, Armut und die Unterdrückung Andersdenkender. Wie der Name schon sagt, trägt man während des Geisterzugs ein möglichst gespenstisches Kostüm und ein Rhythmusinstrument – Pfeife, Trommel, Rassel, Tambourin o. ä., und man darf amüsiert erleben, wie viele schlechte Sambagruppen es in Köln gibt. Im Unterschied zum Rosenmontagszug, bei dem der gemeine Jeck eher am Straßenrand steht und zusieht, gehen beim Geisterzug alle mit, d. h. es gibt keine Zuschauer. Obwohl der Geisterzug und der →»ÄHZEBÄR« eine alte Kölner Tradition sind, die bis ins

Mittelalter verfolgt werden kann, wurde er erst 1992, ein Jahr nach dem Golfkrieg, wieder eingeführt. Anfangs sperrte sich die Stadt, in den Straßen des Zugverlaufs die Straßenbeleuchtung auszuschalten, doch meist wurde eingesehen, dass ausgeleuchtete Geister nicht gruselig sind. Da die Finanzierung ein Riesenproblem darstellt (die Organisatoren müssen Ordner, Sanitäter und die Abfallbeseitigung bezahlen), ist der Zug in jedem Jahr gefährdet. Aber, et hät noch immer jot jejange. Kindern macht der Zug besonders Spaß (neben den Sambagruppen), weil sie so richtig schön Hui Buh spielen können.

Gürzenich

»Kölns gute Stube« ist nicht nur für Touristen eine Se-
henswürdigkeit, sondern während der Session einer der
→ SITZUNGSSÄLE. Der Name geht zurück auf das Land-
adelsgeschlecht der Herren von Gürzenich, die im 13.
Jh. ein Stadtpalais an dieser Stelle hatten.

Hännesche und Bärbelche

(s. auch → PUPPENSITZUNG)

Die beiden Protagonisten aus dem Hänneschen-Theater sind miteinander befreundet und mögen sich »vun
Hätze« gern. Wer sich Karneval als Hännesche oder
Bärbelche verkleidet, sollte schon ein → KARNEVALSJECK
sein, damit Inneres und Äußeres nicht zu weit auseinan-
derklaffen. Hännesche (der Hanswurst) ist ein junger,
lustiger Bursche, der ständig zu Streichen aufgelegt ist,
das Herz auf dem rechten Fleck hat und einen ausge-
prägten Gerechtigkeitssinn besitzt.

Hännesche trägt eine rote Samtweste über einem weißen Hemd und schwarze Kniebundhosen, Strümpfe
und Zipfelmütze sind rot-weiß geringelt. Seine Kleidung ist also ganz auf die Stadtfarben rot und weiß ausgerichtet.

Das weibliche Pendant, auch charakterlich, ist Bärbelche, die jedoch einen roten Rock mit weißer Schürze
und weißen Kniestrümpfen zur schwarzen Weste trägt
und statt der Zipfelmütze blonde Zöpfe hat.

Hännesche und Bärbelche

Herrensitzung

Findet in der Regel an einem Sonntagnachmittag statt und ist die ursprüngliche Sitzungsform. 1880 wurde die erste Herrensitzung und somit die erste Sitzung überhaupt von den →ROTEN FUNKEN organisiert. Das Programm ist ganz auf das »starke Geschlecht« ausgerichtet – neben den bekannten Karnevalskünstlern sind spärlich bekleidete Tanzgruppen gern gesehene Gäste. Doch es nutzt alles nichts: Die Herren kommen ohne ihre Damen nur schwer in Gang, deshalb ist die Stimmung hier eher verhalten.

Hofburg

Das Dreigestirn residiert in der Zeit zwischen →PROKLAMATION und →ASCHERMITTWOCH in der Hofburg, d. h. Prinz, Bauer und Jungfrau wohnen nicht zu Hause, sondern im Hotel Pullman Cologne in der Helenenstraße. Der Einzug, der ein paar Tage vor der Proklamation stattfindet, ist bereits ein Spektakel an sich, denn die Gesellschaft, der das Dreigestirn angehört, lässt es sich nicht nehmen, ihr Trifolium zu begleiten. Ob in der Pferdekutsche mit entsprechendem Spalier oder im Ochsenfuhrwerk – der Einzug wird mit viel Brimborium gefeiert.

Hohe Straße

Wie der →ALTERMARKT, so wird auch die Hohe Straße nicht gebeugt, der Kölsche an sich hat es halt nicht mit den Wortendungen. Egal, in welchem Fall, die Hohe Straße bleibt, wie sie ist: Wir stehen auf der Hohe Straße, die Geschäfte der Hohe Straße sind teuer etc. Wer sich auf der Hohen Straße verabredet, ist todsicher ein →IMMI.

Höhner

Eigentlich De Höhner (Hühner). Kölsche Mundartgruppe, neben den →BLÄCK FÖÖSS und →BRINGS meistgespielt und aus dem Karnevalsgeschehen nicht wegzudenken.

54

Imi/Immi

Bezeichnet einen Menschen, der in Köln lebt, aber nicht dort geboren wurde.

Die beiden Schreibweisen existieren, weil zwei verschiedene Worte abgekürzt werden – der Stamm und somit die Bedeutung ist also unterschiedlich.

Der »Imi« mit einem »m« ist der »imitierte Kölsche«. So wurden nach dem Zweiten Weltkrieg die Flüchtlinge aus dem Osten genannt, die nach Köln kamen (im Gegensatz zu den »Amis«, den Amerikanern). Im Lied »Sach ens Blootwoosch« wird der imitierte Kölsche besungen, der historisch gesehen nicht unbedingt freiwillig nach Köln kam. Im Gegensatz dazu ist der »Immi« mit zwei »m« ein immigrierter Kölner, d. h. er hat sich – natürlich aus freien Stücken – für Köln entschieden. Heutzutage hat man sicherlich eher mit immigrierten als mit imitierten Kölnern zu tun, wobei es oft genug Immis gibt, die versuchen, Kölsche zu imitieren. Und da wird der Kölsche zum Schweizer, der es auch nicht gerne hat, wenn Spaßvögel versuchen, ihn sprachlich nachzuahmen. Wenn also der imitierte Kölsche lächelt, dann aus Höflichkeit und nicht, weil er sich gerade prächtig amüsiert.

Internet

Das Internet ist als Informationsquelle für Termine und weitergehende Recherche äußerst hilfreich, da macht der Karneval keine Ausnahme. Mehr oder weniger alle Gesellschaften haben eine eigene Homepage (z. B. www.rote-funken.de oder www.ehrengardekoeln.de), das

Festkomitee ist natürlich vertreten (www.koelnerkarne-
val.de) sowie die Stunksitzung (www.stunksitzung.de)
und der Geisterzug (www.geisterzug.de). Es darf also
wie jeck gesurft werden.

Jan und Griet

Griet (Grete) soll das Freien des stolzen Jan von Werth
abgelehnt haben, weil er nur ein Knecht war und sie
sich für ihr Leben etwas Besseres vorstellte. Jan aber
kam im Dreißigjährigen Krieg zu Ehren und ritt nach
Kriegsende in seine Heimatstadt Köln ein. Am Stadttor
saß Griet, die als Magd Äpfel verkaufte. Jan erkannte
Griet und machte ihr deutlich, wie falsch es von ihr war,
ihn damals abzulehnen: »Griet, wer et hätt jedon«, und
Griet antwortet: »Jan, wer et hätt jewoß« (frei: Hättest
du es (damals) getan – Hätte ich es gewusst).
Das historische Spiel von Jan un Griet findet Weiberfastnacht um 15.00 Uhr auf dem Chlodwigplatz statt,
d. h. es wird genau diese Szene nachgespielt. Jan und
Griet rekrutieren sich aus den Reihen des Reiterkorps
Jan von Werth. Danach ziehen alle gemeinsam zum Altermarkt, wo am Jan-von-Werth-Denkmal eine Ehrung
stattfindet.

Jungfrau

Symbol der unversehrten, freien Reichsstadt Köln und
ein Teil des →DREIGESTIRNS. Die Jungfrau trägt eine
Krone, die für ihre Unbesiegbarkeit steht, und wird
1570 erstmals erwähnt. Als Insignie trägt sie einen Spiegel in der Hand, was sicherlich weniger die Eitelkeit der

Jan und Griet

Frau als vielmehr die Eitelkeit Kölns (und seiner Repräsentanten) symbolisiert. Die Jungfrau ist ein Mann, nur während des Nationalsozialismus steckte in diesem Kostüm eine Frau. Nach dem Krieg wurde sie wieder durch einen Mann ersetzt, und es sagt einiges über den sprichwörtlichen Humor und die Toleranz der Karnevalisten aus, dass die weibliche Jungfrau nie an den Treffen der Traditionsgemeinschaft ehemaliger Prinzen, Bauern und Jungfrauen des Kölner Karnevals teilnehmmen durfte. Und glauben Sie nur nicht, das hätte an ihrer politischen Einstellung gelegen!

Junggeburth, Wicky

→ MUNDARTSÄNGER und ehemaliger → PRINZ.

Kalte Ente

Eine Flasche Wein und eine Flasche Sekt werden über die Schale einer Zitrone in einen Krug gegossen. Beliebtes Getränk auf → SITZUNGEN, wenn Weinzwang herrscht, und der herrscht oft. Leider ist das Getränk nicht billig: Eine Kalte Ente kostet zwischen 45 und 65 Euro. Man kann natürlich auch à la carte mischen und bezahlt dann noch etwas mehr. Dazu genießt der Sitzungsgänger einen Knabberteller, den es schon für 7 Euro gibt und auf dem – hübsch arrangiert – Salzstangen neben Billigchips und -flips Platz haben.

Kamelle

Die gute alte Kamelle, das einfache Bonbon, das früher während des Rosenmontagszuges geworfen wurde, ist fast ausgestorben. Da keiner mehr die Kamelle aufgehoben hat, haben sie Kaustangen, Schokolade, Eiskonfekt und Weingummi Platz gemacht. Gleichwohl ruft man noch »Kamelle« während des Zuges oder → »STRÜSSJER«, je nachdem, wonach es einen gelüstet.

Das gesamte → WURFMATERIAL wird von den gemeinen Zugteilnehmern aus eigener Tasche bezahlt, Sponsoren gibt es meist für die, die es sich am ehesten selbst leisten könnten – die eingeladenen Promis und führenden Karnevalisten. Die »normalen« Mitglieder der Gesellschaften, egal ob Blaue Funken oder Löstige Paulaner, kaufen die Kamelle, Strüßjer und Pralinen vorher ein, und sie bezahlen neben der Gebühr für die Teilnahme am Zug evtl. auch noch die → LÄUFER, die ihnen das Wurfmaterial aus den → BAGAGEWAGEN bringen.

Karnevalist (I)

Ist kein Mensch, der Karneval gerne feiert, das ist der → KARNEVALSJECK. Der Karnevalist ist im Karneval organisiert, d.h. er gehört einem → KARNEVALSVEREIN an. Manche Karnevalisten haben eine sehr beschränkte Vorstellung vom Karneval, d.h. sie können sich nicht vorstellen, außerhalb ihrer Gesellschaft mit dem gemeinen Volk zu feiern. Außer Sitzungen, Bällen und Korpsappellen kommt für sie nichts in Frage, und für die → KARNEVALSJECKEN ist es auch besser, wenn solche Karnevalschauvinisten, die meistens den älteren Gene-

rationen angehören, in ihren Vereinen bleiben. Es gibt aber auch viele Karnevalsjecken unter den Karnevalisten, und sie werden durch den Generationswechsel immer mehr.

Karnevalist (II)

Ist ein Karnevalskünstler, d. h. er tritt auf der Bühne auf. Karnevalist ist also auch der Oberbegriff für Büttenredner, Mundartsänger, Mundartgruppen, Bauchredner, Duette, Tanzgruppen und sonstige Vortragende. Sie werden von den →LITERATEN der →KARNEVALSGESELLSCHAFTEN gebucht und treten auf den →SITZUNGEN auf. Auch diese Karnevalisten gehören meist speziellen Vereinen an, die mit den anderen Karnevalsvereinen aber nichts gemein haben, sondern eher »Dachverbände« sind, die die Promotion der Mitglieder erleichtern. Diese Karnevalistenvereine haben Mitgliederverzeichnisse, die die einzelnen Künstler vorstellen und Kontaktadressen nennen, und diese Verzeichnisse wiederum werden in jedem Jahr an die Literaten der Gesellschaften verschickt. Die älteste Karnevalistenvereinigung sind die Muuzemändelcher von 1949 e. V. (Mitglieder u. a. *Et Tusnellche* und Ludwig Sebus), es folgt der KKK, Klub Kölner Karnevalisten 1950 e. V. (Mitglieder u. a. *Der Werbefachmann, Dä Blötschkopp*, die *Bläck Fööss* und *Brings*), und der Stammtisch Kölner Karnevalisten 1951 e. V. (Mitglieder u. a. *Dä Mann met däm Hötche, Dä Mann für alle Fälle, Et fussich Julche, Blom un Blömcher, King Size Dick, De Höhner, Räuber* und die Original-Tanzgruppe *Kölsch Hännesche*). Als vierte (linksrheinische) Karnevalistenvereinigung kommt dann noch die Kajuja hinzu, eine katholische Jugendvereinigung, in der so mancher Künstler angefangen hat (u. a. *Ne Weltenbummler, De Höhner* und *Et fussich Julche*) und die dem Nachwuchs auf ihren Sitzungen im Theater am Tanzbrunnen in jedem Jahr eine besondere Chance gibt. In der Kajuja dürfen die Karnevalisten Mitglied bleiben, auch wenn sie gleichzeitig einer anderen Vereinigung beitreten.

Die Vereinigungen organisieren →VORSTELLABENDE, bei denen die Mitglieder ihr Können präsentieren können, und auch hier sind die Literaten anwesend, um neue Künstler für ihre Sitzungen zu entdecken.

Karnevalsgesellschaft

Eine Karnevalsgesellschaft ist in Köln dem →FESTKOMITEE angeschlossen, d. h. sie ist dort »ordentliches Mitglied«. Fast 100 Vereine und Gesellschaften gehören dazu. Unterschieden wird zunächst zwischen Komitee- und Korpsgesellschaften, Letztere tragen Uniform und ziehen auf →SITZUNGEN auf (→AUFZUG). Zu den bekannten Korpsgesellschaften gehören die →TRADITIONSKORPS.

Komiteegesellschaften, die zwar Sitzungen und Veranstaltungen präsentieren, aber keine Funken oder Gardisten sind und somit weder ein →MARIECHEN noch eine →REGIMENTSTOCHTER oder →MARKETENDERIN haben, sind z. B. die Große Kölner Karnevalsgesellschaft, die Kölnische Karnevalsgesellschaft und die Willi-Ostermann-Gesellschaft.

Weiterhin gibt es die »Veedelsvereine«, d. h. Vereine, die sich auf Stadtgebiete (Viertel) beschränken. Diese Vereine spielen eine große Rolle in den verschiedenen →VEEDELSZÜGEN, richten in den entsprechenden Stadtteilen Sitzungen aus und sind daher lokale Größen. Zu den Veedelsvereinen gehören z. B. die KG Löstige Höhenhusser, die Mülheimer Narrenzunft oder die KG Niehler Deichgrafen.

Neben den »ordentlichen« Karnevalsgesellschaften gibt es noch fördernde oder hospitierende Gesellschaften, und die Liste liest sich wie eine Anleitung zum →KLÜNGELN: der ASV, die Elektronische Vereinigung der Fachhochschule Köln, die Gastgewerbe-Innung, das Katholische Männerwerk St. Bruno, der Handelsvertreterverband Köln-Bonn-Aachen e. V. oder der Verband

Deutscher Drogisten. Letztgenannte sind wahrschein-
lich besonders jeck.

Karnevalsjeck

Es ist nicht ganz leicht, den wahren Karnevalsjeck zu
definieren, denn jeder Jeck ist bekanntlich anders. Der
Karnevalsjeck, nicht zu verwechseln mit dem →KARNE-
VALISTEN, ist ein Mensch, dem der Karneval im Blut liegt.
Ihm reicht ein Lied, um in Stimmung zu kommen. Der
Jeck singt gerne, schlägt gerne die →DECKE TRUMM, ist
fröhlich, kommunikativ und freundlich. Im →ROSEN-
MONTAGSZUG ist der Jeck schon Stunden vorher am Zug-
weg, er lässt die Kinder nach vorne und schnappt ih-
nen nichts weg. Der Jeck ist nicht aggressiv, sondern
mit allen per Du, er kennt keine sozialen Unterschiede,
→SCHUNKELT mit jedermann und hat et Hätz (das Herz)

auf dem rechten Fleck. Er kennt auch die leisen Töne und fährt im Urlaub NICHT an den Ballermann.

Karnevalskiste

Ist nicht die von vielen →IMMIS angestrebte Beziehungskiste, sondern bezeichnet den Aufbewahrungsort der Karnevalsutensilien außerhalb der →TOLLEN TAGE.

Da man mit der Zeit nicht nur ein →KOSTÜM besitzt, sondern für jeden Anlass ein anderes, haben die Jecken zu Hause eine Kiste oder einen Koffer, in dem die Karnevalsutensilien aufbewahrt werden. Schminke, Hütchen, Glitter, Luftschlangen, Kölschstangenhalter zum Umhängen, Handtäschchen, Karnevalsportemonnaies (sind kleiner und billiger), Schuhe (alt und ausgelatscht und oft mit einer Karnevalspatina aus Bier, Pferdeäpfeln, Bonbons etc. unterfüttert) – alles hat Platz in der Kiste, die bei den meisten im Keller steht. Der findige Jeck hat auch während des Jahres einen Blick dafür, was in der Karnevalskiste noch Platz hätte – der grelle Lippenstift aus dem Sommerschlussverkauf, die verrückte Jacke aus dem Ramschladen – im Sommer gekauft, in der Karnevalskiste verstaut, kommen diese Schnäppchen in der nächsten →SESSION ganz groß raus.

Karnevalsmusik

Leider ist an dieser Stelle ein strenges Wort vonnöten, denn das Niveau ist in den letzten Jahren immer mehr gesunken. Ein Karnevalslied muss kölsch gesungen sein, sonst verdient es diese Bezeichnung nicht. Refrains wie »Und dann die Hände zum Himmel« bis hin zu »Ich bin ein Döner« sind nicht nur schwer zu ertragen, sondern im Karneval absolut verzichtbar. Ärgerlich wird es dann, wenn die →MUNDARTGRUPPEN auf ein breites Publikum schielen und ihre Texte und die Musik gleich so komponieren, dass sie nicht nur vermeintlich in die Sitzungssäle, sondern auch in die Skipilze und Strandbars passen. Mehr Qualität ist gefragt, denn zwischen Ballermann und Oktoberfest, zwischen Karneval und Skihütte gibt es große Unterschiede, die sich früher auch in der Musik ausdrückten – der vorherrschende Einheitsbrei namens »Stimmungslied« macht hier alles (dem Boden) gleich. Ende des strengen Wortes.

Kater

Lästige Begleiterscheinung des Feierns, *das* Rezept dagegen ist noch nicht gefunden, auch wenn es viele Tipps gibt. Von »morgens als Erstes das trinken, mit dem man am Abend aufgehört hat« (Igitt!) bis zu gequirlten Eidottern mit Tabasco und einem Schuss Rotwein (Igitt!) reichen die vermeintlichen Gegenmaßnahmen. Das Einzige, was wirklich hilft: frische Luft, Leiden und Aspirin – bis der Kater dann spätestens abends in der Kneipe nach dem ersten Kölsch wieder vergeht.

Kinder

heißen in Köln meistens Pänz und freuen sich wie jeck auf und über den Karneval. →WEIBERFASTNACHT finden in den Schulen Karnevalspartys statt, manche Schulen stellen sogar eine richtige Sitzung auf die Beine. Für Kinder ist es fast noch wichtiger als für die Erwachsenen, »was sie werden«, d.h. welches →KOSTÜM sie sich für das jeweilige Jahr wünschen.

Kinderdreigestirn

Neben dem offiziellen Trifolium gibt es ein Kinderdreigestirn, das aus drei Pänz (= Kindern) im Alter zwischen 8 und 12 Jahren besteht. Beim Kinderdreigestirn ist die Jungfrau tatsächlich ein Mädchen, in dem Alter sind also Menschen weiblichen Geschlechts noch als Würdenträger geduldet.

Das Kinderdreigestirn zieht vor allem auf →DAMENSITZUNGEN sowie auf Kindersitzungen auf, und es besucht Krankenhäuser und Altenheime. Wie das erwachsene →DREIGESTIRN werden die Kinder vom Festkomitee ausgesucht, und meistens sind es die Pänz von Karnevalisten, die hier ins jecke Geschehen hineinschnuppern. Das Kinderdreigestirn wird begleitet von einer Kinderwache der Bürgergarde Blau-Gold.

Kinderstunksitzung

Für ältere Kinder ein großes Vergnügen, weil in Sketchen auf die Schüppe genommen wird, was Kinder so stört: Eltern, Lehrer, Geschwister und Ins-Bett-Gehen.

Klüngel

Hat mit Karneval primär nichts zu tun, ist aber als typisch kölsche Eigenart gerade im →FASTELEER an allen Ecken anzutreffen. Definitionen gibt es viele; das Ganze funktioniert nach dem Prinzip »Eine-Hand-wäscht-die-andere« oder »Hilfste-mir, helf-ich-dir«. Hauptutensil ist heutzutage das Telefon oder der Computer, der Klüngeler ruft diejenigen an, die für den bestimmten Zweck am richtigen Hebel sitzen, oder schickt ihnen eine E-Mail. Und dafür muss man die entsprechenden Leute gut kennen, und man muss sich revanchieren können, deshalb funktioniert Klüngel nur zwischen Menschen mit gleichem sozialen Status.

So mancher Kölner in Politik oder Wirtschaft hat in den letzten Jahren Klüngeln mit Korruption oder Erpressung verwechselt. Dabei ist die Faustregel so einfach: Der Klüngel ist kein Verbrechen im juristischen Sinn, d. h. er verstößt gegen kein Gesetz und bringt einen nicht ins Gefängnis. Verstanden?

Kneipe

In welche Kneipe man geht, ist im Straßenkarneval eine wichtige Entscheidung. Es ist aus mehreren Gründen schwierig, Kneipentipps zu geben, denn zum einen wechselt das von Jahr zu Jahr, zum anderen sind solche Tipps immer sehr subjektiv und von persönlichen Vorlieben geprägt (Karnevals- oder lieber Discomusik, Entfernung und Erreichbarkeit etc.). Wenn das an dieser Stelle doch versucht wird, dann nur versehen mit einer ausdrücklichen Warnung: Es gibt Hunderte Kneipen, in denen man mindestens genauso gut feiern kann, und es handelt sich hier lediglich um Anregungen für Leute, die sonst ziellos in der Stadt herumirren würden. Also: Man kann es in der Südstadt im »Früh im Veedel« (Chlodwigplatz) oder im »Spielplatz« am Ubierring versuchen. In Nippes könnte man das »Feez« in der Holbeinstraße

ausprobieren, in Ehrenfeld das »Herbrand's«, im Belgischen Viertel das »Alcazar« (Bismarckstraße), am Eigelstein (= Straße in der Nordstadt) das »Lapidarium«, in der Innenstadt könnte man einen Blick ins Gaffel-Haus (→ ALTERMARKT) werfen oder ins »Päffgen« in der Friesenstraße. Und in Sülz und Klettenberg könnte man den »Petersberger Hof« (Petersbergstr.) oder das »Demmer« (Zülpicher Straße) ansteuern. Ansonsten gilt es, einfach seinen Kopf in eine Kneipe, die am Wegesrand liegt, zu stecken und zu sehen, ob es einem dort gefallen könnte und ob die Stimmung gut ist.

Grundsätzlich sollte man von einem zu häufigen Kneipenwechsel an einem Abend absehen, denn das Feiern macht nur Spaß, wenn man im richtigen Kreis feiert, und der muss sich erst mal bilden. Ist die Stimmung in einer Kneipe also gut, bleibt man am besten da. Woanders ist es auch nicht schöner. Die Kneipen in der Innenstadt und in den studentischen Vierteln sind naturgemäß öfter von → IMMIS und Touristen bevölkert als die Eckkneipen in den anderen Stadtteilen. Man muss einfach wissen, was man will, und schließt sich als Karnevalsanfänger am besten einem echten Jecken an, der sich auskennt. Ursprünglicher, aber evtl. auch älter, ist das Publikum in den Vorortkneipen.

Wenn der Jeck eine Kneipe betritt, so feiert er oder sie unverzüglich mit. Man darf nicht darauf warten, in Stimmung gebracht zu werden, dafür ist man selbst zuständig. Sollte die Kneipe noch leer sein, kann man sich schon einmal nach einem strategisch günstigen Platz umsehen – nicht zu weit von der Theke und vielleicht in einer Ecke, um den Raum zu sichern. Ist die Kneipe voll, geht das nicht, man wird dorthin verschlagen, wohin es einen treibt. Sanftes Platz-frei-Schunkeln ist erlaubt, Schubsen natürlich nicht. In vielen Kneipen gibt es Bänke, auf denen zu stehen sehr beliebt ist, weil man den Überblick hat, sich bewegen kann und nicht zu sehr zerquetscht wird. Sind die Bankplätze besetzt, muss man das akzeptieren – herunterzerren oder dazwischendrängen ist keine karnevalistische Verhaltensweise. Irgendwann müssen die auf der Bank schließlich auch mal aufs Klo.

Da alle im Mantel kommen, dafür aber kein Platz ist, gibt es oft eine Mantelecke, die sehr schnell überquillt, ein Teil fällt auf den Boden, wird wieder obendrauf gelegt, das Ganze fällt um – und wenn man dann gehen will, findet man seine Jacke oder seinen Mantel nicht  mehr. Deshalb eine alte und möglichst auffällige Jacke anziehen – die findet man leichter, die Flecken schmerzen nicht, und vor allem nimmt kein anderer die Jacke aus Versehen mit. Sollte sie dennoch weg sein – verwechselt oder in der Not mitgenommen –, fragt man den Wirt, wann eine Manteltauschaktion stattfindet. Da nämlich viele Mäntel und Jacken an Karneval unbeabsichtigt den Besitzer wechseln, wird in vielen Kneipen zu einem bestimmten Termin alles wieder getauscht.

Köbes

Der Wirt oder Ober eines kölschen Brauhauses wird Köbes (Koseform von Jakob) gerufen, d. h. der Köbes zapft und serviert Kölsch. Man erkennt den Köbes an seiner blauen doppelreihig geknöpften Strickjacke, seiner blauen Schürze und der umgeschnallten Ledertasche. Der Köbes erscheint auf den ersten und zweiten Blick ziemlich unfreundlich, denn er stellt dem Gast das Kölsch ungefragt und kommentarlos auf den Tisch, ignoriert Sonderwünsche und hat es gar nicht gern, wenn man versucht, ihn anzutreiben. Das alles gehört bei ihm aber sozusagen zum guten Ton.

Köbes ist ein schönes → KOSTÜM, leider aber nicht ganz billig. In den Berufsbekleidungsgeschäften rund um den → ALTERMARKT bzw. in der Straße Am Blaubach kann man ein echtes Köbes-Outfit kaufen.

Köbes Underground

Band, die seit 1987 die → STUNKSITZUNG nicht nur musikalisch begleitet, sondern auch eigene Programmpunkte gestaltet, indem sie z. B. Parodien präsentiert.

Kölle Alaaf → ALAAF

Kölsch (I) Sprache

Wer Kölsch von der Pike auf lernen möchte, kann das in der »Akademie för uns kölsche Sproch« im Mediapark (Telefon 02 21 / 2 26 57 91) tun, die auch bei Übersetzungsproblemen kompetent Auskunft geben kann. Für alle anderen sollen hier nur zwei Faustregeln genannt werden: 1) Als Immi sollte man nicht versuchen, Kölsch zu sprechen, man kann Kölsch trinken und Kölsch singen. 2) Bei Letzterem ist Folgendes zu beachten: Das Kölsche mag keine Endungen, vor allem kein Endungs-»n«. Egal in welcher Wortart – das »n« ist dem Kölschen in der Endstellung fremd: Minsche (Menschen), zosamme (zusammen), Hüsje (Häuschen), weede (werden) usw. Dass der Kölner das »G« nicht jut aussprechen kann, ist bekannt, ebenso wie ch, das verdammt schwierisch ist.

Kölsch (II) Getränk

Obergäriges Kölner Bier, erstmals erwähnt 1414, wird aus 0,2-l-Stangen getrunken.

Die Preise für Kölsch steigen während des →FASTELO-VENDS in vielen Kneipen, d. h. es gibt Karnevalspreise (→KVB). Wenn der Karnevalsjeck Kölsch haben möchte, zeigt er dem Köbes mithilfe seiner Finger, wie viele er gerne hätte. Es ist unkölsch, in einer Kneipe auf Bekannte zu stoßen und nur für sich selbst ein Kölsch zu bestellen. Man gibt also eine Runde aus – und da jeder mal an der Reihe ist, wird das auch nicht teurer. Rundenschmarotzer darf man sanft auf ihr Vergehen aufmerksam machen. Kölsch ist die einzig richtige Bezeichnung für DAS Karnevalsgetränk, alle anderen Biersorten sind unbekannt oder zumindest unbeliebt. Das ist aber insofern egal, als man im Karneval ohnehin immer nur Kölsch bekommt. Man sollte aber im eigenen Interesse tunlichst vermeiden, ein Pils oder ein Weizen o. ä. zu bestellen, denn dann ist man erst mal unten durch – nämlich beim →KÖBES, der weitere Bestellungen zunächst ignoriert und einen auf dem Trockenen sitzen lässt. Es gibt unzählige Kölschsorten, die alle einen unterschiedlichen Ruf haben. Es ist empfehlenswert, sich eine Lieb-

71

lingskölschsorte auszusuchen, denn das kennzeichnet den Experten. Einen guten Ruf haben Reissdorf, Früh, Gaffel, Malzmühle und Päffgen, einen schlechten Ruf haben alle anderen. Letztere kann man angeblich nur trinken, wenn sie vom Fass sind (was in den allermeisten Kneipen ohnehin der Fall ist), und sie halten her als Erklärung für die Kopfschmerzen am nächsten Tag. Außer den wirklichen Bierkennern schmeckt kaum einer den Unterschied, und die Kopfschmerzen kommen eher von der Menge als von der Marke. Bevor man den ersten Schluck trinkt, sollte man eine kleine geistreiche Bemerkung zur Kölschsorte machen: Kurzer Blick aufs Glas (da steht die Marke drauf), und dann sagt man, was man davon hält. Jede Kneipe schenkt immer nur eine Kölschsorte aus, man müsste also notfalls die Kneipe wechseln, um ein anderes Kölsch zu genießen, und so weit geht kaum einer.

Da die Kölschstangen nicht allzu belastbar sind, stößt man am besten mit dem unteren Ende an. Dazu sagt man Prost, Prösterchen oder Wohlsein. Das eher feine »zum Wohle« passt nicht so recht zum Kölsch und ist daher eher bei den Sitzungen zur →KALTEN ENTE gebräuchlich. Apropos Belastbarkeit: Manch einer staunt, wie viel Kölsch er an Karneval verträgt (→ALKOHOL).

Kölscher

Nicht der Komparativ von Kölsch, sondern Einheimischer der Stadt Köln, wie in »Fruh, ene Kölsche ze sin«, was sonst.

Kölschfest

Im Jahr 2009 fand zum ersten Mal das »Kölschfest« statt, das man sich so vorstellen muss: Riesiges Zelt (vgl. Oktoberfest) mit mehr als 5000 Plätzen (vgl. Oktoberfest), Musikbands in der Mitte (vgl. Oktoberfest), die Stimmungslieder spielen (vgl. Oktoberfest), viele verkleidete Touristen (vgl. Oktoberfest), die zu viel trinken (vgl. Oktoberfest). Hören Sie sich doch einfach man die Hymne des Kölschfests im Internet an: »Ein lecker Kölsch«. Wenn Sie dabei nicht denken »Ach, wat wor dat fröher schön doch in Colonia«, sondern fröhlich werden und »Oans, zwoa, gsuffa« trällern, ist es ja vielleicht das Richtige für Sie. Alaaf.

Komasaufen

Für das Alphabet kann ich nix.

Das Ordnungsamt versucht durch Kontrollen dem jugendlichen Rauschtrinken Herr zu werden, doch bisher ohne großen Erfolg. Es gilt offensichtlich als cool, sich mit Schnapsflasche bereits am Morgen in die richtige Stimmung zu trinken, und die Erwachsenen sind alles andere als positive Vorbilder.

Kostüm

Jeder Jeck weiß, dass die Kostümfrage ein schwieriges und hochsensibles Feld ist, denn am Kostüm sollt ihr sie erkennen. Es gibt diverse Fettnäpfchen, die es gilt zu umgehen. Da ist erst einmal die Frage des Zeitpunkts, d.h. an welchen Tagen werden Kostüme getragen? Diese Frage ist ziemlich leicht zu beantworten:

am 11.11. (mit Einschränkung), Weiberfastnacht, Karnevalsfreitag (mit Einschränkung), Karnevalssamstag, Karnevalssonntag, Rosenmontag, Karnevalsdienstag. Am 11.11. sieht man ebenso viele Menschen im Kostüm wie in normaler Kleidung – das ist eine Frage der Jeckheit. Das Gleiche gilt für Karnevalsfreitag, da ist tagsüber i. d. R. keiner im Kostüm zu sehen, erst abends für die →KNEIPE zieht man sich dann wieder um. Auf →SITZUNGEN trägt man nur Kostüm, wenn das aus der →EINTRITTSKARTE hervorgeht, es sei denn, die Sitzung findet unmittelbar vor oder während der →TOLLEN TAGE statt. Dann ist es aber auch ein absolutes Muss.

Aus praktischen Gründen sollte man zwischen dem Kostüm für Draußen und dem für Drinnen unterscheiden. In den Kneipen und auf →BÄLLEN ist es oft sehr heiß, sodass ein möglichst luftiges Kostüm angebracht ist. Kölsche Karnevalskostüme sind, anders als z. B. im Münchner Fasching, weniger sexy als lustig und weniger schön als originell, d. h. man sieht mehr Clowns als Kätzchen.

Der Kölner Karnevalsjeck hat eine ganz eigene Vorstellung von seinen Kostümen, und schon die Kinder wissen sehr genau, was sie an Karneval werden wollen. Zu den beliebten und kölschen Kostümen gehören beispielsweise →HÄNNESCHE UN BÄRBELCHE, →TÜNNES UN SCHÄL oder →LAPPENCLOWN und →KÖBES. Es gibt mittlerweile in Köln Kostümgeschäfte, die das ganze Jahr geöffnet haben (z. B. Deko Schmitt in der Johannisstraße hinter dem Dom). Und wie man die besten Weihnachtsgeschenke nicht im Advent kauft, gibt es die besten Kostüme nicht kurz vor Weiberfastnacht: Wer sich erst so spät Gedanken macht, der muss sehen, was übrig bleibt. Die schönsten Kostüme sind sicherlich nicht die, die man im Set von der Stange kauft, sondern die, die man sich zusammenstellt. Anregungen dafür gibt es genug – wer sich im Karneval umschaut, kann sicherlich die eine oder andere Idee für die nächste Session »klauen«. Und wer das ganze Jahr über einen Blick für »jecke« Kleidung hat, der kann an einem schönen Sommertag auf dem Markt oder in der Wühlkiste eines Kaufhauses die beste Grundlage für ein ausgefallenes Ensemble erstehen.

Beim Kauf eines Kostüms beachte man am besten, ob es sich auch als Straßenkostüm eignet, d. h. ob man genug darunter anziehen kann. Das erübrigt sich, wenn man dann irgendwann in der →KARNEVALSKISTE Kostüme in allen Variationen und somit Auswahl hat. Wer ein einziges Kostüm während der Karnevalstage tragen möchte, muss schon hart im Nehmen sein, denn in den Kneipen leidet die Kleidung sehr. Aus dem Grund sollte ein Karnevalskostüm auch nie aus teurem Stoff sein, sodass der Träger Angst haben müsste, dass etwas dran kommt, denn das passiert mit an Sicherheit grenzender Wahrscheinlichkeit. Dem einen oder anderen wird es etwas ausmachen, so ein stinkendes »Baselümche« (= unansehnliches Kleidungsstück), das knüselich (= beschmiert) ist, an sechs Tagen wieder und wieder anzuziehen. Schon deshalb ist ein Zweitkostüm zweckmäßig. Eine verbale Falle sind Kostüme, die zwar welche sind, aber nicht so heißen. So z. B. die Kostüme des →DREI-GESTIRNS, die heißen →ORNAT. Und der Gardist trägt eine

75

→ UNIFORM. Und damit sind die Vertreter des rheinischen Frohsinns sehr eigen.

Kostümball

Je näher die → TOLLEN TAGE rücken, desto öfter laden die Gesellschaften zu Kostümbällen ein, die wie die Sitzungen in den großen Sälen stattfinden. Für jedes Alter gibt es den passenden → KOSTÜMBALL, und Karten sind oft leichter zu bekommen als zu den Sitzungen (Ausnahmen bestätigen die Regel).

Die Bälle haben alle gemein, dass sie einen kleinen Programmblock haben, der – je nach Zielgruppe – unterschiedlich ausfällt.

Bälle für ein eher junges Publikum sind z. B. die »Energy-Night« im Alten Wartesaal, der »Bützjeball« in der Halle oder die »Cinedom Konfetti Disco Party« im Cinedom. Bälle für mehr oder weniger alle Altersstufen finden am Karnevalssamstag statt – das ist ohnehin der Abend, an dem in Sachen Ball am meisten los ist. Man kann wählen zwischen dem Paprikaball, dem Rote-Funken-Ball, dem Fest in Blau (Blaue Funken), dem Römerball (Römergarde), dem Mummenschanz (Ehrengarde) und vielen anderen mehr. Zu den Bällen geht man immer verkleidet, und zwar am besten in einem luftigen Kostüm. Allein oder zu zweit auf einen Maskenball zu gehen, macht – wie im Karneval alles – weniger Spaß als in einer Gruppe. Leider mischt sich auf einem Ball das Publikum weniger als in der Kneipe, was mit der Größe zusammenhängen mag. So bleiben meist – sehr ungewöhnlich für den Karneval – die Grüppchen unter sich.

Oft findet der Ball in mehreren Sälen statt, in denen unterschiedliche Musik (Kapelle oder DJ) gespielt wird, sodass für jeden Musikgeschmack und für jedes Alter etwas dabei ist. Wenn man in Sachen Musik sehr wählerisch ist, sollte man sich vorher bei der entsprechenden Gesellschaft erkundigen.

Krätzje

Bezeichnet ein Lied, in dem eine Geschichte aus der »Nachbarschaft« erzählt wird, sozusagen ein gesungener Schwank aus dem Leben von Kölnern. Krätzje werden meistens von einer einzigen Person, dem Krätzjesänger, auf Sitzungen vorgetragen, begleitet von der Saalkapelle (die für die musikalische Begleitung der Tanzgruppen, mancher Garden und vor allem für den Tusch zuständig ist). Manche Krätzje haben Klassikerstatus erreicht, so z. B. die »Schmitze Billa«, die in Poppelsdorf eine Villa hat, oder Pullmanns, deren Bett so schmal ist, dass Herr Pullmann keinen Platz darin findet (»Rötsch mer jet, Agnenies«). Die meisten Krätzje haben einen ¾-Takt, d. h. man schunkelt dazu.

KVB (= Kölner Verkehrsbetriebe)

Busse und Bahnen sind im Karneval die einzig vernünftige Fortbewegungsart. Der Kölner zahlt auch brav den gewünschten Fahrpreis, nur → WEIBERFASTNACHT und → ROSENMONTAG fahren viele Kölner »schwarz«, weil dann eh alles anders ist. Und das trotz angekündigter Kontrollen. Die KVB setzt an den Karnevalstagen Sonderzüge ein, zumindest verspricht sie das, die Fahrpläne sollte man sich vorher besorgen. So weiß man genau, wann der Zug kommen sollte, aber wann d'r Zoch dann kütt … Das gilt vor allem für die Linie 9, die an den Tollen Abenden vom Neumarkt über Rudolfplatz, Aachenerstraße und Gürtel nach Sülz fährt, weil die Zülpicher Sraße wegen der vielen Jecken nicht passiert werden kann.

In den Straßenbahnen kommt man oft schon in Stimmung, vor allem → WEIBERFASTNACHT und → ROSENMONTAG, weil dort mehrere Jecke mit → DECKER TRUMM oder anderen Instrumenten für gute Laune sorgen. Und da es unter den Fahrern ebenfalls echte Jecken gibt, kommt man ab und zu auch in den Genuss einer spontanen Karnevalsdurchsage – dann tobt die Bahn.

Karnevalssonntag und Rosenmontag muss man bei manchen Linien darauf achten, ob sich die Haltestellen an den ursprünglichen Stellen befinden. Durch die Züge sind manche Straßen nicht mehr passierbar, deshalb werden Straßenbahnen und Busse dort umgeleitet bzw. die Haltestellen verlegt. Das betrifft besonders die Gegend um Neumarkt und Heumarkt und somit die Linien 1, 7 und 9.

Lachende KölnArena

1999 fand zum ersten Mal diese Mammutsitzung statt, und trotz großer Befürchtungen wurde sie ein Erfolg. Der Vorläufer war die »Lachende Sporthalle«, die sich 33 Jahre größter Beliebtheit erfreute, bis eben jene Sporthalle 1998 geschlossen und die Veranstaltung in die KölnArena verlegt wurde, in die 7500 Jecken passen. Sind viele Sitzungen im Sartory oder Gürzenich eher vornehm, d. h. man braucht schicke Kleidung und bezahlt viel Geld für Getränke, so kann sich fast jeder die Lachende Arena leisten. Die Besucher bringen Getränke und Speisen selbst mit, das sorgt für eine ausgelassene Stimmung. Am besten tut man sich zu einer Gruppe zusammen, kauft ein Pittermännchen (ein kleines Fass Kölsch, Gläser, Hahn und Hammer nicht vergessen), teilt vorher auf, wer die Frikadellen und wer die Hähnchenschenkel brät (an Teller und Gabeln denken), und freut sich auf eine Sitzung, bei der alle Größen des Karnevals auftreten und die in Köln Kultstatus hat.

Lappenclown

Das beliebteste Kostüm im Kölner Karneval ist der Lappenclown, auch Lappekääl oder Lappenmann genannt. Dazu braucht man einen alten Anzug und möglichst bunte, in Vierecke geschnittene Stoffreste, die in einer Richtung überlappend wie Dachziegel auf den Anzug genäht werden. Eigentlich mit der Hand, was natürlich eine elende und zeitraubende Tätigkeit ist. An der Hose reicht es, nur die Beine mit Stoffflicken zu versehen, denn der Hosenbund verschwindet ohnehin unter der Jacke, und das Ganze wirkt zu sehr »geknubbelt«.
Schneller und weniger anstrengend, aber auch ein bisschen gepfuscht, geht das mit der Nähmaschine. Dann nimmt man besser einen Schlafanzug, trennt Ärmel und Beine auf, näht die Flicken an und danach alles wieder zusammen.

Der Lappenclown trägt klassischerweise eine rote Woll-perücke und ist bunt geschminkt.

Läufer

Wird in manchen Gesellschaften »Kamellejung« ge-nannt, dabei sind es überwiegend Mädchen, die diese anstrengende Aufgabe am Rosenmontag übernehmen. Die Läufer kümmern sich um die Pferde, bevor der →ROSENMONTAGSZUG losgeht, d. h. sie müssen sich sehr früh am Aufstellplatz einfinden, um gemeinsam mit den Reitern die Pferde in Empfang zu nehmen. Wäh-rend sich die Reiter dann in der Kneipe aufwärmen, hal-ten die Läufer ihre Pferde und reden beruhigend auf sie ein. Und so mancher ist froh, wenn es endlich losgeht, damit die kalten Füße wieder warm werden. Im Zug ha-ben sie dann die Aufgabe, das →WURFMATERIAL aus dem →BAGAGEWAGEN zum Reiter zu bringen, und sie legen so-mit den Zugweg gleich ein paarmal zurück. Die Pferde werden im Rosenmontagszug übrigens nicht geführt, jeder Reiter muss eine Mindest-Reitstunden-Zahl nach-weisen. Inwieweit die reicht, bleibt dahingestellt – in je-dem Jahr hört man von den Zuschauern neue Schauer-geschichten über reiterliches Unvermögen.

Literat

In den Karnevalsgesellschaften ist der Literat zustän-dig für die Zusammenstellung des Sitzungsprogramms, d. h. er bucht die Karnevalskünstler und den Sitzungs-saal. Eine stressige und undankbare Aufgabe, die die Li-teraten ehrenamtlich ausüben.

Gebucht werden die Büttenredner, Sänger und Gruppen ca. 1 ½ Jahre, der Sitzungssaal bereits 3 bis 5 Jahre im Voraus. Es gibt einen Literatenstammtisch, dem 14 Literaten der großen Gesellschaften angehören, und die besprechen gemeinsam, wer welche Karnevalskünstler an welchem Tag bekommen soll. Die Künstler erhalten von diesem Stammtisch, auch »Mafia Colonia« genannt, Buchungslisten, die sie fast immer so akzeptieren. Ein vorteilhaftes Verfahren für die Karnevalsgesellschaften, die sich somit nicht untereinander Konkurrenz machen, eine gravierende Benachteiligung der kleineren Gesellschaften oder Veedelsvereine, die oft das Nachsehen haben. Und der Literatenstammtisch nimmt keine neuen Mitglieder mehr auf. Mit den Vortragenden werden Einzelverträge geschlossen; die Gage wird unmittelbar nach dem Auftritt bezahlt, auch dann, wenn durch eine Verschiebung des Programms der ein oder andere Künstler nicht mehr an die Reihe kommt.

Litewka

Das Wort kommt aus dem Polnischen und bezeichnet einen bequemen Uniformrock in der Grundfarbe der jeweiligen Karnevalsgesellschaft. Die Litewka wird im Gegensatz zur »großen Uniform« auch von inaktiven Mitgliedern getragen und dient so manchem Karnevalist als Kostüm an den → TOLLEN TAGEN. Da diese Herren als Kostümalternative aber vermutlich eine gestreifte Weste und ein Hütchen getragen hätten – DAS Kostüm schlechthin für den feierwütigen Herrn ab 60 –, ist die Litewka immer noch die originellere Alternative.

Loss mer singe – Einsingen in den Karneval

Das Prinzip ist so einfach wie überzeugend: Die neuesten Karnevalslieder einer Session werden in einer singfreudigen Kneipe vorgespielt, deren Publikum dann über das beste Lied abstimmt. Hat was von Grand Prix, doch mit dem angenehmen Nebeneffekt, dass man die Lieder schon kennt, die dann später in den Kneipen gespielt werden. 2001 fand »Loss mer singe« zum ersten Mal im Lapidarium statt und erfreut sich seitdem rasender Beliebtheit. Mehr Infos über die teilnehmenden Kneipen findet man unter loss-mer-singe.de

Mädchensitzung → DAMENSITZUNG

Mariechen → FUNKEMARIECHE

Marketenderin

Händlerin, die die Truppen während des 30-jährigen Krieges begleitete und ihnen ihre Waren anbot. Sie ist das historische Vorbild für das → FUNKEMARIECHE, das beim Reiterkorps Jan von Werth immer noch diesen ursprünglichen Namen trägt.

Maskenball → KOSTÜMBALL

Millowitsch, Willy

Hat mit Karneval primär nichts zu tun, sondern war ein Kölner Volksschauspieler und als »Kölscher Jung« natürlich Karnevalsjeck. Das Millowitsch-Theater auf der Aachener Straße dient für so manche kölsche → MUND-

ARTGRUPPE als Konzertsaal, denn in solch traditionsreichem und urkölschem Ambiente ist die Stimmung immer gut.

Motto

Im Karneval geht nichts ohne Motto. Die Session steht unter einem Motto, das besonders für den →ROSENMON-TAGSZUG gilt. Das Motto der folgenden Session wird traditionell beim →PRINZENFRÜHSTÜCK am Karnevalsdienstag vom Zugleiter bekannt gegeben.

Jedes Dreigestirn hat ein eigenes Motto, das auf seiner Standarte (Fahne) zu lesen ist; und die meisten Karnevalsgruppen präsentieren sich in jedem Jahr unter einem anderen Motto. Diese Motti haben mit dem Sessionsmotto nichts zu tun.

Mundartgruppen

Nicht alle Kölner Mundartmusiker sind im Karneval aktiv, und hier sollen nur die genannt werden, die auf Sitzungen auftreten und eigens für den Karneval geschriebene Lieder darbieten. In den letzten Jahren haben sich vier Gruppen als die Stars des Karnevals herauskristallisiert: Neben den überregional bekannten Gruppen →BLÄCK FÖÖSS (Betonung auf der ersten Silbe ['blɛk føːs]), kurz *Fööss* genannt, und →HÖHNER haben sich →BRINGS, die *Paveier* und die *Räuber* an die Spitze gesungen. Diese fünf sollte der Immi unbedingt kennen. Insgesamt gibt es im Kölner Raum ca. 50 Mundartgruppen, die wie Büttenredner und andere Karnevalskünstler bei den →VOR-STELLABENDEN ihre Lieder darbieten können.

Auf →SITZUNGEN sind die Mundartmusiker gerne gesehen, weil man mitsingen kann – und dem Jeck ist es fast immer lieber, selbst aktiv zu sein, als ruhig sitzen bleiben zu müssen. Ein gutes Karnevalslied unterscheidet sich sowohl textlich als auch musikalisch von den sogenannten »Stimmungsliedern«. Eigentlich ist es ganz einfach: Hochdeutsch = Stimmungslied = raus, und bei dieser Faustregel geht dann auch »Die Hände zum Himmel« über die Wupper. Falls Sie ein *originelles* Karnevalslied schreiben möchten, sollten folgende Worte tabu sein: Dom, Sönnche, Hätz, Kölle, Kölsche, Rhing und Alaaf. Es sei denn, Sie heißen Tommy →ENGEL und ziehen diese Signalwörter in einem Lied mit dem Titel »Do bes Kölle« durch den Kakao.

Mundartsänger

Neben den Gruppen gibt es viele Mundartsänger, die auf →SITZUNGEN die Jecken in Stimmung bringen. Eine Untergruppe sind die Krätzjesänger (→KRÄTZJE), zu denen Interpreten der immer noch beliebten Lieder Willi →OSTERMANNS und Karl →BERBUERS gehören. Bekannte Krätzjesänger sind z.B. Ludwig Sebus oder Günter Dahmen.

Bekannte Mundartsänger wiederum sind z.B. Wicky →JUNGGEBURTH, Et Fussich Julche, Marie-Luise Nikuta, Günter Eilemann oder King Size Dick, die aber ebenfalls Krätzje im Programm haben.

Nubbelverbrennung

Der Nubbel ist eine mannshohe Puppe, die am Karnevalsdienstag um 24.00 Uhr verbrannt wird. Eigentlich hieß der Nubbel, wie wir ihn heute kennen, gar nicht Nubbel, sondern Zacheies (= Zacharias). »Nubbel« war ursprünglich ein erfundener Name für jemanden, den man nicht näher benennen wollte, ähnlich wie Dings. Ende des 19. Jahrhunderts wurde eine Figur mit Namen Zacheies während einer Kirmes am Fahnenmast aufgeknüpft und als Zeichen für das Ende des Festes verbrannt. Der heutige Nubbel, wie Zacheies eine Puppe, meist aber mit Clowngesicht und eindeutig männlichen Geschlechts, wird als Zeichen des Endes der → TOLLEN TAGE und des Beginns der Fastenzeit verbrannt. Jede anständige Kneipe hat einen Nubbel, der entweder im Schankraum selbst über der Theke hängt oder draußen an der Kneipe angebracht ist. Am Ende der Karnevalszeit muss er stellvertretend für die Jecken als Sündenbock herhalten. Es gibt natürlich verschiedene Varianten, in der Roonstraße z. B. findet ein regelrechtes Massenbegräbnis mit Prozession statt, an dem gleich mehrere Kneipen teilnehmen, doch im Prinzip folgt die Nubbelverbrennung folgendem Prinzip: Um ca. 23.45 Uhr, also kurz bevor der → ASCHERMITTWOCH beginnt, begibt sich die Feiergemeinde aus der Kneipe ins Freie (Jacke mitnehmen!), die meisten Wirte verteilen Kerzen, damit es auch schön dramatisch wird. Ein Priester (natürlich kein echter) leitet die Zeremonie, oft ist noch eine Witwe dabei, die den Tod ihres Nubbels beweint. Die Feiergemeinde, jetzt Trauergemeinde, buht

lautstark, während der Priester alle Sünden des Nubbels aufzählt (er hat gehurt, gesoffen, gebützt, ein Altbier getrunken usw.). Deshalb muss der Nubbel sterben. Der Priester zündet den Nubbel an, die Gemeinde singt »Am Aschermittwoch ist alles vorbei«, einige stimmen dann wieder Karnevalslieder an, meist Lieder, zu denen man weiter schunkeln kann, wie z. B. »In unserem Veedel« (s. Kapitel »Lieder«), denn sie wollen nicht wahrhaben, dass die tolle Zeit vorüber ist. Wer eine Kerze hat, wirft sie ins Feuer. Ist der Nubbel zu einem Häufchen Asche verbrannt, kann man sich beim Priester ein Aschenkreuz abholen, wobei die Frauen noch mal »jebütz« (→ BÜTZJE) werden. Der Karneval ist jetzt tatsächlich vorbei. Man müsste nach Hause gehen – oder wieder zurück in die Kneipe, in der dann bis morgens gefeiert wird. Oft wird allerdings keine Karnevalsmusik mehr gespielt, aber auch das kommt vor.

Orden

O

Kurz für Karnevalsorden. Jede Gesellschaft lässt für jede Session einen neuen Orden entwerfen, den man offiziell nicht käuflich erwerben kann: Orden können nämlich lediglich verliehen werden, und zwar für besondere Verdienste. Doch es gibt einen Ausweg, denn wer Geld spendet, hat sich auch einen Orden verdient.

Diese Spende auf freiwilliger Basis ist nach oben offen, nach unten aber genau festgelegt, denn die Gesellschaften haben eine sehr genaue Vorstellung davon, welche Spende den Orden rechtfertigt: mit 30 Euro ist man meistens dabei.

Ornat

Ist das »Kostüm« des Dreigestirns, das eigens für die entsprechenden Herren angefertigt wird. Nach Ende der Session hängt der Ornat dann im Schrank und darf nur mit ausdrücklicher Genehmigung des Festkomitees noch einmal getragen werden, damit es nicht plötzlich zu einer Anhäufung von z. B. drei Jungfrauen auf einem Kostümball kommt.

Ostermann, Willi

Geboren 1876, gestorben 1936 in Köln, ein Mundartsänger, der unzählige unvergessene Karnevalslieder geschrieben hat, die bis zum heutigen Tag immer noch gesungen und gehört werden. Lebte am Neumarkt, und ihm zu Ehren wurde in der Altstadt auf dem nach ihm benannten Platz ein Brunnen gebaut, der Weiberfastnacht 1939 eingeweiht wurde. Nach einer Umgestaltung im Jahre 1974 zeigt der Brunnen heute viele der von Ostermann besungenen Typen. Dem Andenken Ostermanns fühlt sich die Ostermann-Gesellschaft verpflichtet, die nicht nur im Karneval aktiv ist, sondern das ganze Jahr hindurch Veranstaltungen rund um Ostermann organisiert. »Klassiker« von Willi Ostermann sind z. B. »Einmal am Rhein«, »Et Stina muss 'ne Mann han«, »Heimweh nach Köln« und »Och, wat wor dat fröher schön doch in Colonia«.

Pappnase

Clownutensil, früher aus Pappe, heute aus Plastik oder Schaumstoff und immer rot. Die meisten Pappnasen landen irgendwann auf der Stirn oder unterm Kinn, da sie doch sehr stören, vor allem beim Kölschtrinken. In der Nase sammelt sich gerne Kondenswasser, das ab und zu entsorgt werden muss. Bei Erkältungen nicht zu empfehlen.

Paveier → MUNDARTGRUPPE

Prinz

1823 als Held Carneval eingeführt, um das aus dem Ruder gelaufene Treiben wieder in gemäßigtere Bahnen zu lenken: Durch seinen edlen Charakter sollte er ein Vorbild für die Kölner sein. 1891 trat er dann erstmals

Prinz

als Prinz Carneval auf. Er trägt als Zeichen seiner Herr-
schaft seit 1957 die Prinzenbelle (eine kugelförmige
Glocke) sowie eine Narrenpritsche, die ursprünglich
den Figuren Harlekin und Hanswurst zugeschrieben
wird. Die Pritsche erzeugt ein Klatschen, wenn man mit
ihr auf etwas haut.

Prinzenessen

Festliches Essen, das Karnevalsfreitag in der → HOFBURG
stattfindet und zu dem offiziell das → DREIGESTIRN einlädt,
wobei die Einzuladenden allerdings vom Festkomitee
bestimmt werden, schließlich ist das Ganze kein Privat-
vergnügen. Die Kosten für das Prinzenessen trägt dennoch das Dreigestirn.

Prinzenfrühstück

Am Karnevalsdienstag, an dem für das Festkomitee
mehr oder weniger bereits alles vorbei ist, wird über
die vergangene Session gesprochen, d. h. hier ist für
die Protagonisten die Gelegenheit zur Manöverkritik.
Der Zugleiter gibt während des Prinzenfrühstücks das
→ MOTTO für den nächsten Rosenmontagszug und somit
für die kommende → SESSION bekannt.

Prinzenführer

Ist der Mann, der den Prinzen und somit das gesamte
Dreigestirn zu den → AUFZÜGEN begleitet und darauf ach-
tet, dass sie pünktlich ihre Termine einhalten. Der Prinzenführer gehört der → PRINZEN-GARDE und dem Festkomitee an. Ein ganzer Tross von Begleitern und Helfern

P

versucht, die zahlreichen Aufzüge des Dreigestirns zu ermöglichen, und da Gastauftritte in anderen Städten gang und gäbe sind, ist das keineswegs eine leichte Aufgabe. Der Prinzenführer ist auch bei der Auswahl des Dreigestirns gefragt, d. h. er ist als Mitglied des Festkomitees dabei, wenn die Bewerbungsgespräche stattfinden. Während der Session muss er bisweilen stressige Situationen, auch Ärger innerhalb des Dreigestirns, glätten. Er wird dabei nicht für seine Arbeit bezahlt, denn wie fast alles im Kölner Karneval ist auch dieses Amt ein Ehrenamt, und der Spaß kostet ihn 4 Wochen Urlaub im Jahr.

Bauer und Jungfrau haben zwar eigene Adjutanten, die aus der Ehrengarde stammen, doch die Verantwortung für das gesamte Dreigestirn trägt der Prinzenführer.

Prinzen-Garde

1906 wurde die Prinzen-Garde als Begleitgarde für den Prinzen Carneval gegründet, der 1905 verstorbene Festkomiteepräsident Jean Jörissen hatte den Anstoß dazu gegeben. Auch heute noch ist der → PRINZENFÜHRER ein Prinzen-Gardist, und die Prinzen-Garde hat im Rosenmontagszug ihren Platz hinter Bauer und Jungfrau gleich vor dem Prinzen. Die Uniform der Prinzen-Garde hat preußische Vorbilder, die Jacke ist cremefarben mit roten Aufschlägen, was eine Verwechslung mit den → ROTEN FUNKEN, deren Jacke rot ist, unmöglich macht. (Achtung, das ist dennoch ein beliebter Fehler!) Das Domizil ist der Prinzen-Garde-Turm am Sachsenring, der zur historischen Stadtmauer gehört.

Die Prinzen-Garde

Prinzenspange

Ist ein Orden zum Anstecken, der vom Dreigestirn verliehen wird. Jedes Dreigestirn hat eine eigene Prinzenspange, und diese kann, im Gegensatz zum Karnevalsorden der Gesellschaften, auch nicht durch Spende erworben werden, deshalb ist sie so begehrt. Zeigt sie doch allen, dass der Träger mit dem Dreigestirn in direktem Kontakt steht oder stand.

Prinzenproklamation → PROKLAMATION

Pripro → PROKLAMATION

Proklamation

Bei der Proklamation, auch Prinzenproklamation oder kurz Pripro genannt, wird das Dreigestirn inthronisiert, d. h. sie ist die Amtseinsetzung von Prinz, Bauer und Jungfrau für eine Session. Der feierliche Festakt, der im Januar im →GÜRZENICH stattfindet und zu dem alles, was Rang und Namen hat in der Stadt, eingeladen wird, ist sowohl von gesellschaftlichem als auch von karnevalistischem Interesse, denn es ist der erste große Auftritt des Dreigestirns im →ORNAT. Der gesamte Rahmen wird vom Festkomitee festgelegt, und seitdem Markus Ritterbach dort Präsident ist, sind einige alte Zöpfe abgeschnitten worden. Es treten doch tatsächlich mittlerweile Karnevalskünstler auf und nicht mehr ausschließlich Opernsänger.

Der Oberbürgermeister der Stadt Köln proklamiert also zunächst den Prinzen mit den Worten »Hiermit proklamiere ich … zum Prinzen«, und er übergibt ihm Belle und Pritsche (→PRINZ); das Gleiche passiert mit dem Bauern, der die Stadtschlüssel erhält, und zum Schluss mit der Jungfrau, der ein Spiegel überreicht wird. Danach übergibt das Dreigestirn artig seine Geschenke an den OB (auch dieser Teil ist genau vorgeschrieben). Der Prinz hält eine Rede, die mehr oder weniger kritisch betrachtet wird (eher mehr, und hier entstehen oft schon Vorurteile für oder gegen ein Dreigestirn, gegen die es die ganze Session zu kämpfen hat), und es ziehen die Korpsgesellschaften auf. Die Proklamation wird vom WDR übertragen. Interessant ist, dass die erste Prinzenproklamation während der Nazizeit stattfand, als die

Organisation »Kraft durch Freude« den kölschen Karneval für sich entdeckte. Nach dem Krieg galt sie dann schon als »alte kölsche Tradition«.

Puppensitzung

→ HÄNNESCHE UND BÄRBELCHE, → TÜNNES UND SCHÄL sind die Protagonisten aus dem Hänneschen-Theater, ein Stockpuppentheater, das in der Altstadt am Eisenmarkt seinen Platz hat. Puppenspiele haben eine lange Geschichte, auch in Köln, und als Gründer des Hänneschen-Theaters gilt der in Bonn geborene Puppenspieler Christoph Winters, als Gründungsjahr 1802. Nach seinem Tode beanspruchten gleich mehrere Theater die »offizielle« Nachfolge, bis 1866 Everhard Königsfeld, ein Enkel Christoph Winters, die Leitung des Theaters übernahm, das mehrmals den Standort wechselte. 1926 kam

P

es unter die Leitung der Stadt Köln, die es nunmehr »Puppenspiele der Stadt Köln« nannte. 1938 zog das Theater aus der Sterngasse an den Eisenmarkt, wo es sich auch heute noch befindet.

Die Stücke spielen alle in »Knollendorf«, einem erdachten Kölner Vorort, und handeln von dessen Einwohnern. Neben Hänneschen und Bärbelchen und deren Großeltern gibt es u. a. Tünnes und Schäl, Speimanes mit der feuchten Aussprache, den Wirt Mählwurmspitter, sowie den Polizisten Schnäutzerkowski. Alle sprechen reinstes Kölsch.

So wie die Karnevalsgesellschaften veranstaltet auch das Hänneschen-Theater eine Sitzung, die natürlich ausschließlich von den Stockpuppen dargeboten wird. Wie auf »normalen« Sitzungen gibt es unterschiedliche Aufzüge, Sitzungsleiter ist Schäl, der die verschiedenen Künstler aufruft. Neben Nachbildungen »echter« Karnevalskünstler wie den Bläck Fööss oder dem Rumpelstilzje gibt es Reden von den Bewohnern Knollendorfs. Die Reden behandeln die gleichen Themen wie die der lebenden Vorbilder, doch hier ist das Kölsche noch urtümlicher und direkter. Manche Pointen haben leider  einen sehr langen Bart, was dem enthusiasmierten Publikum aber offensichtlich egal ist, denn *alle* Aufzüge werden mit brüllendem Gelächter belohnt. Als Dank für die Darbietungen gibt es keinen Orden, sondern eine Blutwurst. Tatsächlich gibt es nur eine einzige, deshalb nimmt Speimanes sie hinter der Bühne den Künstlern wieder ab, was nicht immer ohne Handgreiflichkeiten abgeht. Die Zuschauer hören also lautes Gepolter und manchmal wütendes Schimpfen, bis Speimanes, nicht selten ein bisschen lädiert, die Wurst beim Präsidenten wieder abgibt: »Herr Präsident – die Woosch!« Das rufen die Zuschauer dann mit. Wer ins Hänneschen geht, sollte des Kölschen einigermaßen mächtig sein, sonst könnten massive Verständnisprobleme den Spaß trüben.

Rakete

Wenn auf einer →SITZUNG ein Auftritt besonders gut gefallen hat, bedankt sich das Publikum beim Künstler oder der Gruppe mit einer Rakete. Die Rakete wird vom Sitzungsleiter mit dem martialisch klingenden Ruf »An die Gewehre!« angekündigt. Sie besteht aus drei Stufen: Bei der Ansage »Kommando eins« klatscht man in die Hände, bei »Kommando zwei« stampft man zusätzlich mit den Füßen auf den Boden, bei »Kommando drei« pfeift man noch dazu und schwingt den rechten Arm wie bei →ALAAF seitlich nach oben. Das Ganze wird dreimal wiederholt. Meist wird dann noch ein Kölle →ALAAF hinterhergeschickt.

Eine immer beliebter werdende Variante der Rakete endet in »Aaaahhhh Peng«, d. h. nach Kommando drei wird der rechte Arm mit geballter Faust in die Höhe gereckt, der Jeck begleitet diese Bewegung mit dem Ausruf »Aaaahhh«, bis bei »Peng« die Faust gelöst wird, um eine Explosion anzudeuten. Auch dieser Raketentypus wird dreimal wiederholt.

R

De Räuber → MUNDARTGRUPPE

Regimentstochter

Ist das »Tanzmariechen« der Ehrengarde, der Prinzen-Garde und der Altstädter.

Rosa Funken

Erster schwuler Karnevalsverein, der 1955 gegründet wurde. Die Uniform besteht aus einem rosafarbenen Lackjäckche, und → STIPPEFÖTTCHE ist der Lieblingstanz der Rosa Funken.

Rosenmontagszug

Für viele → KARNEVALISTEN und → KARNEVALSJECKEN ist der Rosenmontagszug, der durch die Kölner Innenstadt zieht, das schönste Ereignis im Jahr. Der Zug hat sich

in den letzten Jahren immer wieder selbst übertroffen, d. h. er ist länger, teurer und bunter geworden – jedes Jahr scheint ein neuer Superlativ die selbst auferlegte Messlatte zu sein. Ob das den Zug schöner macht, sei dahingestellt. Organisiert wird das Spektakel vom Zugleiter, der dem → FESTKOMITEE angehört, und es ist schon verwunderlich, wie die ca. 45 Gruppen zu einem Zug werden. Denn insgesamt müssen sich um die 9000 Menschen in den Zug einreihen (Helfer inbegriffen), der sich am Chlodwigplatz formiert und an der Christophstraße auflöst. Der 6,5 km lange Zugweg wird in der Lokalpresse jedes Jahr noch einmal genau beschrieben, wobei es den echten Karnevalsjeck in jedem Jahr an dieselbe Stelle zieht. Der Vorteil eines »Stammplatzes« ist, dass man weiß, wann man sich dort einfinden muss, um einen Platz in der ersten Reihe einzunehmen, und wo sich Toiletten befinden. Oft trifft man dort dieselben Jecken wie im Jahr zuvor. Leider geraten Stammplätze in Gefahr, weil das Festkomitee und die Stadt zunehmend → TRIBÜNEN aufstellen oder Plätze an LKW vermieten – das ist nicht nur ärgerlich, sondern widerspricht auch den Prinzipien des Straßenkarnevals.

Zum Rosenmontagszug geht man verkleidet, und man sollte sich genau überlegen, ob man nach dem »Zoch« direkt in einer Kneipe weiterfeiert oder vorher noch einmal zum Umziehen nach Hause geht. Da man sich fünf bis sechs Stunden draußen aufhält, ist warme Kleidung sehr wichtig. In der Kneipe kommt man darin natürlich sofort um, deshalb ist das Zwiebelprinzip hier unerlässlich. Warme Schuhe sind ein Muss, denn kalte Füße

werden von den meisten Zugbesuchern am ehesten be-
klagt. Die guten neuen Winterschuhe sollten es aber
nicht sein, denn da die Straße zunehmend mit einer
Schicht aus Pferdeäpfeln, Süßigkeiten und Papier, die
eine schöne klebrige Masse bilden, überzogen ist, lei-

den die Schuhe doch sehr (→ELFTER IM ELFTEN). Zum Rosenmontagszug geht man früh genug (d. h. ca. 2 Stunden, bevor er an der betreffenden Stelle eintrifft), und man fährt am besten mit der →KVB, die Sonderzüge einsetzt. Ist man früh genug zum Zug gegangen und hat einen schönen Platz eingenommen, muss man den auch verteidigen: Immer wieder versuchen Leute, sich vor einen zu stellen, und das ist ärgerlich. Beim »Zoch« ist die Reihenfolge des Eintreffens maßgebend, und man kann die Leute, die das ignorieren wollen, ruhig nach hinten schicken. Das Ganze läuft aber immer freundlich ab, wüste Rempeleien sind sicherlich ein zu hoher Preis für den guten Platz. Geht man in einer Gruppe, sollte man sich von vornherein nebeneinander aufstellen, dann hat man hinterher bessere Chancen. Durch Schunkeln kann man immer wieder mehr Raum gewinnen. Da die Versorgung am Zug durch Würstchen- und andere Imbissbuden zwar gewährleistet, aber teuer ist, nimmt der Karnevalsjeck genug zu essen und zu trinken mit. Die sich leerende Tasche kann dann später als Beutel für das →WURFMATERIAL genutzt werden.

Die Wartezeit verkürzt man sich also durch Essen, Trinken, Schunkeln (man hört fast immer von irgendwoher Musik), Singen und Gucken. Wenn die →AHL SÄU kommen, die in jedem Jahr unter einem anderen Motto als inoffizielle Gruppe vor dem Rosenmontagszug herziehen, weiß der Jeck, dass es jetzt nicht mehr lange dauern kann. Und wenn dann irgendwer ruft, der Zoch kütt, kann es losgehen: Zunächst schafft eine Reiterstaffel der Polizei den nötigen Platz, denn wo es keine Absperrun-

gen gibt, ist die Breite des Zugwegs oft auf ein Mini-
mum geschrumpft. Das ist dann immer ein großes Gedränge, man verliert leicht das Gleichgewicht, denn die
ganze Masse muss sich oft um ein paar Meter nach hinten bewegen. Es folgt ein Traktor mit dem Schild »Der
Zoch kütt«, und die erste Gruppe, nämlich die → BLAUEN
FUNKEN. Die vielen Musikzüge werden übrigens von Kölner Bürgern gesponsert, und da es in Köln gar nicht so
viele Musiker geben kann, wie sie im Rosenmontagszug gebraucht werden, kommen die Gruppen aus ganz
Deutschland, z. T. auch aus dem benachbarten Ausland.
Das klassische → WURFMATERIAL besteht aus → KAMELLE
und → STRÜSSJER, nach beidem ruft man auch. Manche
Leute scheinen nur zum Zug zu gehen, um sich Süßig-
keitenvorräte für das ganze Jahr zuzulegen, und es gibt
nichts Schlimmeres als »Raffzähne«, die sich wild gebär-
den und lieber ein Kind wegschubsen, als auf ein Täfel-
chen Schokolade zu verzichten. Und sie verderben einem so den ganzen Spaß, denn es geht Rosenmontag
nicht um die größte Ausbeute.

Kinder lässt man immer vor, und die erste Reihe passt
auf die Kinder auf, auch wenn sie sie nicht kennt.
Trotz der »Wagenengel«, die die großen Prunkwagen

begleiten und für einen Sicherheitsabstand sorgen,
muss man die Kinder oft genug zurückziehen. Durch
die sich bückenden und rufenden Menschenmassen er-
geben sich Strömungen, die Kinder leicht nach rechts
oder links abdriften lassen – und sie können verloren
gehen. Darauf hat die erste Reihe immer einen Blick.
Muss man den Platz kurzzeitig verlassen, sollte man

das seinen Nachbarn sagen, damit sie einen später wieder dorthin zurücklassen. Im Übrigen entspannt sich die Lage, je länger es dauert, denn die Kondition, sich 3 bis 4 Stunden den Zug anzuschauen, haben nicht alle, sodass sich nach der Hälfte der Zeit die Reihen oft schon etwas lichten.

Kennt man jemanden im »Zoch«, muss man laut brüllen, denn durch den Geräuschpegel ist es schwierig, auf sich aufmerksam zu machen. Die Leute um einen herum rufen aber alle mit, deshalb klappt das in den meisten Fällen. Und man sollte den Blick nicht vom Geschehen nehmen, denn tief fliegende Schokoladentafeln können einen schmerzhaft am Kopf treffen.

Der Zug endet mit dem Prinzenwagen, dahinter folgt unmittelbar die Müllabfuhr. Und man geht glücklich nach Hause oder in die nächste → KNEIPE.

Rote Funken

Die Roten Funken, die man an der rot-weißen Uniform, dem Helm, auf dem eine Pfeife (Pief) und ein Hering (Böckem) unter dem Stadtwappen zu sehen ist, den schwarzen Gamaschen und der »Knabbüß«, der »Knallbüchse«, in deren Lauf ein → STRÜSSJE steckt, erkennt, ist die älteste der Kölner Korpsgesellschaften. 1822 soll eine Gruppe honoriger Männer in der Weinwirtschaft »Im Häuschen« hinter St. Ursula die Roten Funken gegründet haben. Als Vorbild dienten die »schlechtesten Soldaten aller Zeiten«, die Stadtsoldaten, die zwischen 1660 und 1794 in Köln ihren Dienst taten. Die Stadtsoldaten trugen eine rot-weiße Uniform, waren schlampig und

oft betrunken; durch Nebenverdienste versuchten sie, ihren Sold aufzubessern. Als 1794 die Franzosen Köln einnahmen, ließen das die unmotivierten Stadtsoldaten ohne Gegenwehr zu und besiegelten damit gleichzeitig ihren Untergang. Markenzeichen der Roten Funken ist neben dem →FUNKEMARIECHE das →»STIPPEFÖTTCHE«, auch »Wibbeln« genannt.

Die Roten Funken residieren in der Ulrepforte am Sachsenring und teilen sich in vier Gruppen auf, »Knubbel« genannt, die als Untergruppen innerhalb der Gesellschaft ein starkes Zugehörigkeitsgefühl auszeichnet.

Sartory

Ist ein bekannter Sitzungssaal in der Friesenstraße.

Schappöche

Leitet sich ab aus dem französischen Jabot. Das Schappöche ist die an (fast) jeder Karnevalsuniform zu findende Brustkrause aus weißer Spitze.

Schminke

Gehört zu jedem anständigen Kostüm, ohne Schminke sind die meisten Kostüme unvollständig. Am besten kauft man sich einen Kasten mit wasserlöslicher Schminke, die mit dem Pinsel wie Wasserfarbe aufgetragen wird. Der Vorteil ist, dass diese Farbe relativ lange hält, nicht schmiert und abends leicht abgewaschen werden kann. Hier zu sparen, wäre das falsche Ende: Billigschminke hält nämlich nicht, sie verläuft und sieht nach kurzer Zeit aus, als hätte man sich am

Abend zuvor nicht abgeschminkt. Richtige Theaterschminke mag zwar zunächst teuer erscheinen, doch im Vergleich zu den Mitteln, die man braucht, um den Pickeln und anderen Hautirritationen entgegenzuwirken, die die billige Schminke hinterlassen hat, lohnt sich die Investition.

Schunkeln

Angeborene und instinkthaft ausgeführte Bewegung, bedarf normalerweise eines ¾-Rhythmus, der Kölner schafft es aber auch ohne. Der Kölsche schunkelt gerne und mit jedem, wobei er den ganzen Körper einsetzt. Es ist falsch, nur mit dem Arm hin und her zu fahren, aber übertrieben, das Gewicht so weit zu verlagern, dass abwechselnd der rechte bzw. linke Fuß Bodenkontakt verliert. Das gesunde Mittelmaß ist ausschlaggebend und richtig, und daran ist dann auch der kölsche Jeck zu erkennen. Erklingt ein Schunkellied, reichen meist ein paar Takte, um in dieses Menschen vereinende Tanzrudiment zu fallen. Da darf man sich nicht zieren, im Gegenteil: Niemand wird es merkwürdig finden, wenn man sich einfach irgendwo einhakt, auch wenn sonst noch keiner gemerkt hat, dass es sich um einen Schunkelrhythmus handelt. Egal, wo man sich gerade in der Kneipe befindet – schunkeln tut man mit den Leuten, die zufällig neben einem stehen.

Senat

Ist eine Untergruppe in einer → KARNEVALSGESELLSCHAFT, die durch einen höheren Mitgliedsbeitrag die Gesellschaft finanziell unterstützt und dafür gerne auf Sitzungen die besten Plätze bekommt (→ TISCH).

Session

Gemeint ist die Karnevalssaison. Eine Session dauert immer vom 11.11. bis zum Aschermittwoch des darauffolgenden Jahres.

Sitzung

Sitzungen sind nicht gleich Sitzungen, deshalb ist dieses Kapitel vor dem Besuch einer solchen genau zu beachten. Zunächst muss unterschieden werden zwischen → STUNKSITZUNG oder anderen alternativen Sitzungen und der traditionellen Sitzung. Beide Arten haben angeblich nichts miteinander zu tun, spalten einige Karnevalisten völlig überflüssigerweise in zwei mehr oder weniger feindliche Lager und sind ideologisch besetzt. Das hängt damit zusammen, dass die traditionelle Sitzung den offiziellen Karneval verkörpert, d.h. dieses Vergnügen wird organisiert von den → KARNEVALSGESELL-SCHAFTEN, die dem → FESTKOMITEE angehören. Und dem steht eine ganze Phalanx kritisch gegenüber. Das kann die echten Jecken aber nicht jucken, sollen sich die Karnevalisten doch die Köppe einschlagen, die Jecken haben Spaß an beidem. Geht man auf eine traditionelle Sitzung, ist zunächst die → Eintrittskarte gründlich zu betrachten. Aus ihr geht nicht nur hervor, wann und

wo die Sitzung stattfindet und was sie kostet (um die 25 Euro). Man erkennt daran auch, ob man in festlicher Kleidung (d. h. in Abendkleidung – langes oder kurzes Abendkleid für die Damen, Smoking für die Herren ist durchaus üblich) oder im →KOSTÜM erscheinen soll. Aus der Bezeichnung Gala- oder Prunksitzung kann man bereits ersehen, dass festliche Kleidung erwünscht ist. Als Faustregel gilt, dass das Tragen eines Kostüms desto üblicher ist, je näher die tollen Tage sind. Auf den meisten Eintrittskarten ist die Kleiderordnung jedoch ausdrücklich vermerkt, sodass man im Zweifelsfall nachsehen kann. Sitzungsleiter ist bei den meisten Gesellschaften deren Präsident, der von einem →ELFERRAT unterstützt wird. Das Programm der Sitzung setzt sich zusammen aus den Auftritten der unterschiedlichen Karnevalisten. Meist haben ein oder mehrere Traditionskorps einen →AUFZUG, d. h. das Korps zieht mit seinem Spielmannszug ein, und das →MARIECHEN oder die →REGIMENTSTOCH-TER tanzt mit »singem Jung«, also mit dem Tanzoffizier (→TANZPAAR). Bei den →FUNKEN kommt →STIPPEFÖTTCHE dazu, bei den Garden diverse andere Tänze (Offizierstanz, Kadettentanz etc.). Getanzt wird aber nicht nur von den Korpsgesellschaften, sondern auch von →TANZ-GRUPPEN. Aufzüge haben weiterhin natürlich diverse →BÜTTENREDNER, das →DREIGESTIRN, diverse Mundartsänger und die bekannten →MUNDARTGRUPPEN, je nachdem, welches Programm der →LITERAT der Gesellschaft zusammenstellen und welche »Höhepunkte« er verpflichten konnte. Wenn die Stimmung steigt, stellt man sich auf die Stühle, vielleicht nicht unbedingt, wenn man an

S

einem → TISCH direkt vor der Bühne sitzt, weil man dann dem Rest des Saals die Sicht versperrt. Aber in die Verlegenheit, vorne zu sitzen, kommt der gemeine Karnevalsanfänger ohnehin nicht. Hat ein Auftritt besonders gut gefallen, kann man nach einer Zugabe verlangen, was – wenn der Zeitplan es zulässt – auch gewährt wird. Das Publikum bedankt sich danach mit einer → RAKETE, die vom Sitzungsleiter angekündigt und moderiert wird.

Es gibt neben Prunk-, Gala-, Familiensitzungen u. ä. → DAMEN- und → HERRENSITZUNGEN. Beide finden meistens nachmittags statt, und es ist durchaus üblich, Käsehäppchen, Knabbereien o. ä. mitzunehmen. Auf Damensitzungen (auch Mädchensitzung genannt) treten gerne Kindergruppen auf, während auf Herrensitzungen gerne schlüpfrige Witze präsentiert werden. Eine Sitzung dauert i. d. R. zwischen fünf und sieben Stunden. Danach feiert man, vor allem nach den am Abend stattfindenden Sitzungen, im Foyer weiter, und wenn da auch nichts mehr los ist, kann man es noch in der → HOFBURG versuchen.

Von gesellschaftlicher Wichtigkeit sind der Sitzungssaal, denn nicht alle Säle haben das gleiche Prestige, sowie die gastgebende Gesellschaft. Sartory, Gürzenich, Hotel Maritim und die Flora gelten als sehr renommiert, die wichtigen → TRADITIONSKORPS und Komiteegesellschaften als Veranstalter ebenso. Das hat aber nicht viel mit der Qualität der Sitzung zu tun oder ob und wie gut man sich amüsiert! Wie wichtig ein Mensch innerhalb einer Karnevalsgesellschaft oder überhaupt

ist, erkennt man daran, an welchem → TISCH er während der Sitzung sitzt.

Sitzungspause

Es gibt eine offizielle Pause in jeder Sitzung, die eine halbe bis eine Stunde dauert.

Die Toiletten, besonders die Damentoiletten, sind dann überfüllt, sodass man am besten bis zum Ende der Pause wartet oder eine »schlechte« Nummer während der Sitzung nutzt. (Achtung, die Toiletten sind fast überall gebührenpflichtig!)

In der Pause geht man ins Foyer, wo → KÖLSCH ausgeschenkt wird. Für die, denen die Getränke im Saal nicht zusagen oder zu teuer sind, ist hier also Gelegenheit, sich mit ebenfalls teurem Kölsch auf den Pegel der Kalte-Ente-Trinker zu bringen. Auch hier ist Rundenzwang, d. h. man kauft immer für die ganze Gruppe Kölsch, mit der man zusammensteht. Das Ende der Pause wird durch Fanfaren angekündigt.

Stippeföttche

ist der traditionelle Tanz der → ROTEN FUNKEN, bei dem alle Funken die Fott (das Gesäß) erusstippe (herausstrecken), d. h. zwei Funken stehen mit dem Hinterteil zueinander und bewegen sich zur Musik, wobei sie sich auf die Knabbüß (die Knallbüchse) stützen. Im Lauf der Knabbüß steckt ein → STRÜSSJE (Blumensträußchen). Dass dies der Lieblingstanz der → ROSA FUNKEN ist, wird keinen verwundern.

Strüßje

Werden mit langem ü ausgesprochen [ʃtryːəsjə] und traditionell neben →KAMELLE auf dem Rosenmontagszug geworfen, auf Sitzungen verteilt und erfreuen sich auch sonst großer Beliebtheit. Da die Strüßjer vor allem einen symbolischen Charakter haben, werden sie meistens gezielt vergeben, d. h. man sollte sich schon fragen, ob das Strüßje, das man gerade gefangen hat, wirklich für einen bestimmt war. Die meisten Strüßjer bestehen aus einer Tulpe oder einer Nelke, die mit Tannengrün etwas haltbarer und vor allem knickfester gemacht wurde. Strüßjer darf man rufen, Frauen haben naturgemäß bessere Chancen, auch eins zu bekommen, was dann mit einem →BÜTZJE belohnt werden kann.

Stunksitzung

Die Stunksitzung ist ein Teil des →ALTERNATIVEN KARNE-VALS und gehorcht somit ganz anderen Gesetzmäßigkeiten als die traditionelle →SITZUNG. An →EINTRITTSKAR-TEN für alternative 28 Euro kommt man aber genauso schwer. Die Stunksitzung fand 1984 zum ersten Mal in der alten Mensa auf der Universitätsstraße statt und wurde 1991 aufgrund der großen Nachfrage ins E-Werk in der Schanzenstraße in Mülheim (Haltestelle Wiener Platz) gelegt. Das hat den Vorteil, dass mehr Leute eine der ca. 40 Sitzungen besuchen können und man mal wieder auf die rechte Rheinseite kommt, der Nachteil ist, dass das E-Werk mit öffentlichen Verkehrsmitteln nur schlecht zu erreichen ist und man von der Bahnhaltestelle Wiener Platz entweder einen langen Fußmarsch

S

oder den Pendelbus auf sich nimmt. Wer mit dem Auto fährt, sollte früh genug losfahren, da Parkplätze zwar vorhanden sind, aber ziemlich verstreut liegen. Auf der Stunksitzung gibt es → KÖLSCH, hier gibt es keine → KALTE ENTE. Auch das Programm weicht von dem einer traditionellen Sitzung ab, denn es gibt ein festes Ensemble (ca. 12 Künstler auf der Bühne), das eher kabarettistisch diverse Themen aufs Korn nimmt und sich dabei gerne gegen Kirche, den offiziellen Karneval, die Stadt Köln und die Bundeswehr stellt. Absichtlich an der Grenze zur Geschmacklosigkeit, ist das nicht jedermanns Sache und soll es auch gar nicht sein. In vielen Jahren gab es daher Protest – vom Kardinal, von religiösen Gruppen, vom Regierungspräsidenten. Manchmal mussten die Stunker dann einlenken, z. T. werden sie sogar per Gerichtsbeschluss dazu gezwungen, und Köln spaltete sich mal wieder in zwei Lager: Die einen sahen in der Nummer Satire und die anderen einen Verstoß gegen die Würde einer bestimmten Gruppe. Wurde die Stunksitzung früher nur von alternativen Karnevalisten, Studenten und kritischen Kölnern besucht, sieht man mehr und mehr Vertreter des offiziellen Karnevals dort.

Sitzungsleiter war bis 1995 Jürgen Becker, der von Rainer Rübhausen abgelöst wurde. 1999 leitete zum ersten Mal Biggi Wanninger die Sitzung. Anders als in traditionellen Veranstaltungen übernehmen die Sitzungsleiter der Stunksitzung neben der Moderation auch Hauptrollen in den verschiedenen Nummern.

Musikalisch begleitet wird die Sitzung von der Band → KÖBES UNDERGROUND, die in der heutigen Formation seit 1987 dabei ist. Auch bei der Stunksitzung gibt es einen → ELFERRAT, der sich aber – im Gegensatz zu den traditionellen Sitzungen – jeden Abend anders zusammensetzt. Jeder Stunker und Köbes Underground dürfen einen Elferrat bestimmen, d. h. es sind Leute, die sich bei den Stunkern bewerben. Die letzte Sitzung findet am Karnevalsdienstag statt, und auch hier wird dann um 24.00 Uhr der → NUBBEL verbrannt.

Eine Stunksitzung dauert ca. vier Stunden, danach kann man im Saal noch Kölsch trinken. An manchen Tagen (vor allem samstags) findet nach der Sitzung im E-Werk eine andere Veranstaltung statt, dann muss man relativ schnell den Saal räumen. Eine Kleiderordnung gibt es für die Stunksitzung nicht, man geht entweder kostümiert oder in normaler Kleidung dorthin, festliche Garderobe wäre aber absolut fehl am Platz.

Tagespresse

Karneval bietet der Presse einen unerschöpflichen Themenreichtum. Köln hat drei Tageszeitungen, den »Kölner Stadt-Anzeiger«, die »Kölnische Rundschau« und den »Express«, die aber alle einem Verlagshaus angehören. Alle drei Zeitungen haben in ihren Lokalredaktionen spezielle Karnevalskenner, und die berichten vom 11.11. bis Aschermittwoch über alles, was der Karnevalsjeck wissen muss. Wer wann auf welcher Sitzung warum mit wem – alles ist wichtig und interessant. Man lernt schnell, wer das Sagen hat, und kann sich dann über die Nachrichten freuen.

Die Kölner Tageszeitungen haben in jedem Jahr karnevalistische Sonderveröffentlichungen, so z. B. einen Festkalender, in dem alle Sitzungen, Bälle und sonstigen Veranstaltungen aufgelistet werden. Für die meisten bekommt man zum Zeitpunkt von dessen Erscheinen aber keine Karten mehr – der Kalender ist also eher eine Orientierungshilfe für das Jahr danach. Und es gibt eine Rosenmontagszeitung, in der nicht nur der Zugweg nachzulesen ist, sondern sämtliche Gruppen mit ihren Präsidenten und einer kurzen Vereinsgeschichte vorgestellt werden sowie die großen Prunkwagen abgebildet sind. Gerade für →IMMIS enthält die Rosenmontagszeitung also wichtige Informationen.

Tanzpaar

Alle Korpsgesellschaften haben ein →TANZPAAR, das aus einer Tänzerin, die je nach Gesellschaft Mariechen, Regimentstochter oder Marketenderin heißt, sowie einem

Tanzpaar der Ehrengarde

Tanzoffizier besteht. Die Tanzpaare trainieren das ganze Jahr über, um die Session überstehen und die Tänze professionell darbieten zu können. Da die Tanzpaare während eines →AUFZUGS das Aushängeschild der Gesellschaft sind, wird hier neben tänzerischem Können auch auf das Aussehen geachtet – im Vergleich zu den anderen aktiven Mitgliedern der Gesellschaft, die in Frieden älter werden können, wechseln die Tanzpaare also relativ häufig.

Tanzgruppe

Unterscheidet sich von einer Korpsgesellschaft vor allem dadurch, dass mehr als eine Frau tanzt bzw. Frauen in der Überzahl sind. Es gibt zahlreiche Tanzgruppen, die man während der Sitzungen bestaunen kann und die unterschiedliche kölsche Kostüme tragen, z. B. die Kammerkätzchen und Kammerdiener, die Rheinmatrosen, die Zunftmüüs oder die Pänz vun Gereon.

Taxi

An Karneval so beliebt, dass es nicht leicht ist, eins zu bekommen. Selbst am frühen Abend, wenn man zu einer Veranstaltung mit dem Taxi fahren möchte, sind lange Wartezeiten üblich, deshalb sollte man frühzeitig, am besten gleich morgens, einen Wagen für den Abend vorbestellen. Sonst drohen Verspätungen. Während der → TOLLEN TAGE macht es wenig Sinn, sich ein Taxi telefonisch bestellen zu wollen, denn es gibt keine. Da hilft nur eins: Sich in die Reihe der Wartenden an einem Taxistand einzureihen, dort wartet man auch nie allzu lange, oder sich an einen strategisch günstigen Platz zu stellen, der *nicht* in Sichtnähe eines Taxistandes liegt. Und zwar auf der Seite, die wieder in die Stadt führt, da kann man Glück haben.

Am besten feiert man einfach so lange, bis sich die Situation im Morgengrauen wieder entspannt.

Tisch

Gemeint ist nicht irgendein Tisch, sondern der Tisch, an dem man während einer → SITZUNG Platz nimmt. Je besser der Kontakt zu der Gesellschaft ist, die die Sitzung abhält, desto größer ist die Wahrscheinlichkeit, dass man einen Tisch möglichst nahe an der Bühne bekommt. Es reicht aber nicht aus, irgendeinen in der Gesellschaft zu kennen, man muss schon den richtigen Mann kennen, nämlich den, der Einfluss auf die Tischordnung nimmt. Oder einen, der Einfluss auf den Mann hat, der Einfluss auf die Tischordnung nimmt. Um es geradeheraus zu sagen: → IMMIS haben keine Chance, vorne zu sitzen, das können sie sich gleich von der Backe putzen, aber irgendwo ist ja dann auch Schluss mit der Chancengleichheit. Immis sitzen also gerne weiter hinten – in den jeweiligen → SÄLEN ist das mehr oder weniger tragisch, weil man mehr oder weniger gut sehen kann. Da man aber, wie gesagt, darauf keinen Einfluss nehmen kann, sollte man sich gleich damit abfinden. Wenn man den Sitzungssaal betritt, steht gleich zu Beginn jemand bereit, der einem sagt, wo der Tisch sich befindet. Diskutieren bringt nichts. Die auf den Tischen ausliegenden Liederhefte sind kostenlos und empfehlen sich besonders für den Karnevalsanfänger, denn die neuesten Liedtexte sind darin abgedruckt, eine unbezahlbare Hilfe für denjenigen, der des Kölschen nicht mächtig ist. Man lernt auch die → KARNEVALSGESELLSCHAFT kennen, die die Sitzung ausrichtet, und kann sich den Namen des Präsidenten merken.

Ganz anders bei der Stunksitzung: Nach mühsamen

114

Jahren des Anstehens, denn die Tischvergabe lief nach dem Motto »Wer zuerst kommt, mahlt zuerst«, haben die Stunker nun endlich ein Einsehen und verkaufen – nein, nicht alle, sondern nur die Karten an der Theke und auf der Empore mit Platzkarten. Wer keine solche Karte besitzt, muss sich wieder mühsam anstellen. Das verstehe, wer wolle.

Tolle Tage

Gemeint sind Karnevalssonntag, Rosenmontag und Karnevalsdienstag, also die drei »tollen Tage«, an denen Züge stattfinden. Streng genommen sind es aber fünf bis sechs Tage, denn es ist durchaus üblich, von Weiberfastnacht bis Karnevalsdienstag durchzufeiern, wobei Freitag zur Not eine kleine Ruhepause eingelegt werden darf.

Traditionskorps

Früher waren es fünf Traditionskorps, seit 2001 sind es neun, denn zu den → ROTEN FUNKEN, den → BLAUEN FUNKEN, der → PRINZEN-GARDE, der → EHRENGARDE und den → ALTSTÄDTERN sind die Nippeser Bürgerwehr, Jan van Werth, die Bürgergarde und die treuen Husaren hinzugekommen. Andere Korpsgesellschaften sind Traditionsgesellschaften, weil sie eine auf historische und traditionelle Ursprünge zurückzuführende Uniform tragen, Traditionskorps dürfen sich aber nur diese neun nennen. Neben den aktiven Mitgliedern, die man auf der Bühne bewundern kann, gibt es in allen Vereinen passive Mitglieder und Vereine im Verein, damit auch alles seine

schöne Ordnung hat. Um Mitglied in den Traditions-korps zu werden (oder in einer anderen Karnevalsge-sellschaft), braucht man normalerweise zwei Bürgen und muss eine ein- bis zweijährige Probezeit hinter sich bringen. Erst dann wird man aufgenommen, was oft mit einer »Eignungsprüfung«, ihrem Wesen nach al-ten Initiationsriten sehr nahe und entsprechend feucht, fröhlich und dreckig, gefeiert wird.

Es gibt militärische Ränge (abhängig von Mitgliedsjah-ren und / oder der Funktion innerhalb der Gesellschaft), und eine Beförderung ist für manche Mitglieder so wichtig, dass sie sich die Abzeichen noch am gleichen Abend heimlich an die Schultern heften – aus lauter Spaß an der Freud, versteht sich. Einen hohen Rang er-kennt man am einfachsten am »Jebömmel«, das sind die Verzierungen, die ähnlich Gardinenquasten seitlich an der Uniform herunterhängen. Ansonsten gilt – wie bei der Bundeswehr – je mehr Sterne, desto wichtiger oder vermeintlich jecker.

Tribüne

Während sich früher nur Honorationen und Fußkranke die Züge von einer Tribüne aus anschauten und die Tri-bünen aus diesem Grund nur vereinzelt am Zugweg zu finden waren, hat in den letzten Jahren ein Tribünen-bau eingesetzt, der erschreckend ist. Der gemeine Jeck, der sich auf den *Straßen*karneval freut, sucht in man-chen Straßen vergeblich nach einer Möglichkeit, sei-nen kostümierten Körper stehend zu platzieren, und ist er mit einer Gruppe gekommen, bleibt dieser oft

nichts anderes übrig, als sich hintereinander aufzustellen. Denn neben den teuren Tribünen gibt es unzählige private LKWs, die einen Platz gemietet haben, und vor denen zu stehen verboten ist. Bei allem Verständnis für die Stadt, aus den Zügen Kapital zu schlagen: Die Züge sind kein Fußballspiel, diese verdeckten Eintrittspreise sind eine Frechheit, und durch diese Art der Kommerzialisierung eines *Volks*festes gehen Ursprünglichkeit, Spontaneität und somit auch die Stimmung kaputt. Also: Tribünen meiden und dem Festkomitee und der Stadt Briefe schreiben.

Tünnes und Schäl

Die beiden gegensätzlichen Figuren Tünnes und Schäl, die man heute noch im → HÄNNESCHEN-Theater erleben kann, repräsentieren zwei verschiedene kölsche Bürger. Tünnes (Antonius) ist der einfältige und gemütliche Dummkopf, der sich vor allem um sein eigenes Wohlergehen kümmert, während Schäl (der Schielende) eher ein bisschen verschlagen ist und in die Taschen anderer Leute schaut. Wenn man an Karneval Tünnes oder Schäl werden will, muss man sich folgendermaßen verkleiden: Tünnes trägt eine rote Knollennase (vom Trinken …), ein blaues Kutscherhemd mit rotem, vorne geknotetem Halstuch, eine weiße Hose und Holzpantinen. Er hat rote, wuschelige Haare. Schäl ist fein gekleidet: schwarzer Frack zur grauen Weste, schwarz-weiß karierte Hosen, Melone auf dem Kopf und Gamaschen.

Tünnes und Schäl

Urlaub

Ob man sich an den Karnevalstagen freinimmt oder nicht, hängt von individuell verschiedenen Faktoren ab. Die Rede ist nicht von →WEIBERFASTNACHT oder →ROSENMONTAG, denn da ist zumindest in den Firmen,

118

für die Köln nicht nur den zufälligen Standort bezeichnet, ohnehin frei, sondern von den Tagen dazwischen, einschließlich Aschermittwoch. Wer allerdings an allen Tagen feiert und singt, wird sich bis einschließlich Aschermittwoch freinehmen müssen. Ein Problem bleibt: Da das Karnevalfeiern nicht gerade der Gesundheit zuträglich ist, kämpft man nach Aschermittwoch gerne erfolglos gegen Erkältungskrankheiten – und auch das plant der umsichtige Karnevalsjeck mit ein.

Veedelszoch (Schull- und Veedelszoch)

Den »Veedelszoch« (Viertelszug) gibt es nicht, sondern man unterscheidet zwischen mehreren Veedelszöch. Zum einen ist da der große »Schull- und Veedelszoch« am Sonntag, der die gleiche Route nimmt wie am Tag drauf der Rosenmontagszug, zum anderen gibt es in den verschiedenen Stadtteilen Kölns Karnevalssamstag, -sonntag und am Karnevalsdienstag Veedelszöch. Den Zügen ist gemeinsam, dass sie nicht von den großen Karnevalsgesellschaften bestritten werden, sondern von Schulen und Gruppen aus den Vierteln.

Beim Schull- und Veedelszoch am Sonntag geht es dem Zuschauer weniger um → KAMELLE und → STRÜSS-JER als um die schönen Kostüme und tollen Ideen der einzelnen Gruppen. Der Zug hat zwei Teile, nämlich zunächst der »Schullzoch«, der sich aus »Pänz« (= Kinder) aus den verschiedenen Schulen zusammensetzt, dann folgt der Veedelszoch, in dem Gruppen und Vereine ihre Kostümideen präsentieren. Zum größten Teil gehen die Teilnehmer bei den Veedelszügen ihrer

Stadtviertel dann noch einmal mit. Es gibt eine Kommission von ca. 10 Leuten rund um den Oberbürgermeister (u. a. das Dreigestirn, das im Ornat von der Rathaustribüne aus zusieht), die drei Preise vergibt: für die beste Wagengruppe, für die beste Fußgruppe und für die originellste Gruppe. Allerdings werden diese Preise nur für den Veedelszoch vergeben, weil man die Schulkinder nicht zu sehr unter Leistungsdruck setzen möchte.

Den Veedelszoch im eigenen Stadtteil anzusehen, ist gerade für Kinder ein Muss, denn es werden zum einen außergewöhnliche Dinge geworfen – oft z. B. Bälle, Mickymaushefte, Kulis etc. –, zum anderen dauert der Zug nicht so lange wie der Rosenmontagszug und/oder der große Veedelszug, Freunde und Klassenkameraden gehen mit, denen man zurufen kann, und die Straßen sind nicht so voll, d. h. die Gefahr verloren zu gehen ist nicht so groß.

Ob und an welchem Tag in dem Stadtviertel, wo man wohnt, ein Zug geht, entnimmt man am besten der →TAGESPRESSE. Oder man fragt seine Nachbarn, ruft beim Festkomitee an oder im Verkehrsbüro.

Man muss sich nicht wundern, wenn mancher Stadtteil ein eigenes Dreigestirn hat – das hängt meist damit zusammen, dass die Eingemeindung noch nicht allzu lange her ist und man mit der alten Tradition des eigenen Dreigestirns nicht brechen wollte.

Für die Veedelszöch wird, vor allem von den Schulkindern, in den Monaten vor Karneval Geld gesammelt, und es ist klar, dass man da gerne etwas gibt.

Veilchendienstag

Den Ausdruck gibt es in Köln nicht, hier hat der Karnevalsdienstag keinen speziellen Namen, sondern wird profan nach dem Wochentag und der Jahreszeit benannt.

Vorstellnachmittage/-abende

Das →FESTKOMITEE und die Karnevalistenvereinigungen (→KARNEVALIST II) veranstalten im Spätherbst Vorstellnachmittage bzw. -abende, auf denen alle Karnevalisten ihr neues Programm präsentieren können. Die Stars sind zwar zu diesem Zeitpunkt für die kommende Session bereits ausgebucht, aber der ein oder andere Nachwuchskünstler kann für die ein oder andere Sitzung noch gewonnen werden, bzw. hier ist für die →LITERATEN die Gelegenheit, für die übernächste Session neue Gesichter zu entdecken. Insgesamt finden 6 Nachmittage bzw. Abende statt, und die →TAGESPRESSE berichtet auch hier ausführlich über die Qualität der Vorträge.

Weiberfastnacht

Neben →ROSENMONTAG ist Weiberfastnacht, auf Kölsch Wieverfastelovend, der wichtigste Tag im Karneval und gleichzeitig der erste der sechs Straßenkarnevalstage bis Aschermittwoch. Um 11.11 Uhr ist es so weit, dann wird auf dem →ALTERMARKT durch die →ALTSTÄDTER und den Oberbürgermeister der Straßenkarneval eröffnet (nicht der Karneval überhaupt, denn die Session beginnt bereits am 11.11.). Die Eröffnung ähnelt der am 11.11. und ist ähnlich organisiert, da verschiedene Mundartgruppen und -sänger auftreten sowie das Dreigestirn und diverse andere Redner. Auch hier gilt es, früh genug da zu sein (spätestens um 9.00 Uhr), sonst kommt man nicht nahe genug an die Bühne heran. Menschen mit klaustrophobischen Anwandlungen sei vom Altermarkt abgeraten – es ist streckenweise so voll, dass man sich nur

Eröffnung des Straßenkarnevals auf dem Altermarkt

in die Richtung bewegen kann, in die die Menge gerade driftet.

An Weiberfastnacht führen die Frauen das Regiment – früher waren es vor allem die Marktfrauen auf dem Altermarkt, die es den Herren heimzahlten. Die Wurzeln der Weiberfastnacht unterscheiden sich elementar von denen des Männerkarnevals, was Petra Pluwatsch in ihrer sehr lesenswerten Publikation überzeugend darstellt (s. Kapitel »Zum Weiterlesen«). Männer sollten auf das Tragen einer Krawatte an Weiberfastnacht verzichten, denn alle Schlipse dürfen abgeschnitten werden.

Normalerweise wird nach 11.11 Uhr nicht mehr gearbeitet, und viele Firmen in Köln organisieren Feiern in ihren Geschäftsräumen. In der Altstadt und in den Kneipenvierteln sind am frühen Nachmittag die → KNEIPEN

bereits voll. Am besten sucht man sich eine Kneipe, die zwar durch laute Musik Stimmung verspricht, aber noch halb leer ist, sodass man sich ein bisschen akklimatisieren kann.

Sitzungen im Freien, auf denen die bekannten Mundartsänger und -gruppen auftreten, finden an Weiberfastnacht am frühen Nachmittag in der Innenstadt statt. Da der Veranstaltungsort variiert, sollte man die Details der → TAGESPRESSE entnehmen. Und es gibt verschiedene Feten in den verschiedenen Diskotheken, falls man lieber tanzen gehen möchte.

Wildpinkeln

Ist auch an Karneval verboten, liebe Männer, keinesfalls ein Kavaliersdelikt (nein, mit Kavalier hat das rein gar nichts zu tun) und stinkt vor allem den Frauen ganz gewaltig.

Wurfmaterial

Ist der Terminus technicus für alles, was während des Rosenmontagszuges und während der Veedelszöch geworfen wird. Das klassische Wurfmaterial besteht aus → KAMELLE und → STRÜSSJER, doch mittlerweile sind Pralinen, Schokolade, Kaustangen und kleine Weingummi-Funken und -Gardisten dazugekommen. Je nachdem, in welchem Vorort der Veedelszoch stattfindet, werden auch schon mal landwirtschaftliche Erzeugnisse wie Möhren und Kohlrabi geschmissen. Die Zugteilnehmer sind während des Zuges versichert, denn es kann immer mal wieder passieren, dass jemand eine Tafel Scho-

kolade an den Kopf bekommt und eine Brille dabei zu Bruch geht.

Zoch

Zug, gemeint ist der Rosenmontagszug. Der Plural »Zöch« (= Züge) meint hingegen immer die Schul- und Veedelszüge, die Karnevalssonntag oder -dienstag stattfinden.

Z

Lieder

Die Auswahl der Karnevalslieder ist nicht leichtgefallen. Zu viele sollten es nicht sein, um den lernenden Jecken nicht von Anfang an zu überfordern. Ein bisschen Spaß soll es ja auch noch machen. Dass *Mer losse d'r Dom en Kölle* und *In unserem Veedel* dazugehören, leuchtet jedem ein, der zu Karneval schon einmal kölschen Kneipenboden betreten hat. Doch neben diesen beiden Liedern gibt es Dutzende, die eigentlich auch gekonnt sein wollen: *Schmitze Billa* oder *Ich ben ene Kölsche Jung, Dat Hätz vun d'r Welt, Heimweh no Kölle* usw. usw. Wir beschränken uns hier also auf die Evergreens. Der Kölner Karneval ist ohne die zahlreichen Lieder nicht denkbar, selbst die Düsseldorfer greifen auf die kölschen Lieder zurück (haha), und Köln gehört sicherlich zu den meistbesungenen Städten der Welt, ist vielleicht sogar die meistbesungene Stadt. Es kann deshalb nicht schaden, sich die CDs der wichtigsten Mundartgruppen zuzulegen, am praktischsten die Live-Alben, da hat man die Hits der Gruppe beisammen und kann zu Hause schon mal üben. Oder eine der zahlreichen →LOSS MER SINGE-Veranstaltungen zu besuchen, da ist man auf dem allerneusten karnevalistischen Stand.

Die Lautschrift folgt der gebräuchlichen Umschrift, ein Doppelpunkt weist auf einen langen Vokal hin. Die wichtigsten Zeichen seien hier noch mal genannt:

[ɔ]	Most	[ɛ]	Wäsche	[ʃ]	Schlag
[ø]	ökonomisch	[aɪ]	weit	[v]	wer
[ø:]	blöd	[eɪ]	hey	[x]	Loch
[oe]	Götter	[ɔy]	Heu	[z]	singen
[y]	Typ	[ŋ]	lang	[s]	bis

Bläck Fööss

Mer losse d'r Dom en Kölle

Refrain:

Mer losse d'r Dom en Kölle, denn do jehööt hä hin.
Wir lassen den Dom in Köln, denn da gehört er hin
[mɪə lɔːsə dɔ doːm ɪn kœlə dɛn dɔː jəhøːt hɛː hɪn]

Wat sull dä dann woanders, dat hätt doch keine Sinn.
Was soll der denn woanders, das hat doch keinen Sinn.
[wat sul dɛː dan voandəs dat hɛt dɔx keɪnə zɪn]

Mer losse d'r Dom in Kölle, denn do es hä zehuss.
Wir lassen den Dom in Köln, denn da ist er zu Hause.
[mɪə lɔːsə dɔ doːm ɪn kœlə dɛn dɔː ɪs hɛː zoː hus]

Un op singem ahle Platz bliev hä och joot en Schuß,
Und auf seinem alten Platz, bleibt er auch gut in Schuss
[un up zɪŋəm aːlə plaːts bliːf hɛː ux joːt ɪn ʃus]

un op singem ahle Platz bliev hä och joot en Schuß.
Und auf seinem alten Platz, bleibt er auch gut in Schuss.
[un up zɪŋəm aːlə plaːts bliːf hɛː ux joːt ɪn ʃus]

1.

Stell d'r für, dä Kreml stünd om Ebertplatz,
Stell dir vor, der Kreml stünde auf dem Ebertplatz,
[ʃtɛl dɔ fyə dɔ krɛml ʃtynt ɔm eːbətplats]

stell d'r für, dä Louvre stünd am Rhing.
stell dir vor, der Louvre stünde am Rhein.
[ʃtɛl dɔ fyə dɔ luːvrə ʃtynt am riŋ]

Do wör für die zwei doch vell ze winnich Platz,
Da wäre für die beiden doch viel zu wenig Platz,
[dɔ vøə fyə dɪ tsvaɪ dɔx fɪl tsu vɪnɪʃ plats]

dat wör doch en unvorstellbar Ding.
das wäre doch eine unvorstellbare Sache.
[dat wœə dɔx ən unfyəʃtɛlba dɪŋ]

Am Jürzenich, do wör vielleich et Pentajon,
Am Gürzenich, da wäre vielleicht das Pentagon,
[am jyrtsənɪʃ dɔ wœə fɪleɪʃ ət pɛntajɔn]

am Rothus stünd dann die Akropolis.
am Rathaus stünde dann die Akropolis.
[am rɔːthuz ʃtynt dan diː akropolis]

Do wüss mer överhaup nit, wo mer hinjonn sullt,
Da wüssten wir überhaupt nicht, wo wir hingehen sollten,
[dɔ vys mɔ yvəhəup nɪt voː mɔ hɪnjɔn zult]

un doröm es dat eine janz jeweß:
und darum ist das eine ganz gewiss:
[un dɔrœm ɪs dat eɪnə jans jəvɪs]

Refrain

2.

Die Ihrestroß, die hieß vielleich Sixth Avenue
Die Ehrenstraße, die hieß vielleicht Sixth Avenue
[dɪ i:rəʃtrɔ:s di: heɪs fɪleɪʃ sikz ɛvənjʊ]

oder die Nord-Süd-Fahrt Brenner-Paß.
oder die Nord-Süd-Fahrt Brenner-Pass.
[odə dɪ noxt sytfa:t brɛnə pas]

D'r Mont Klamott, der heiß op eimol Zuckerhot,
Der Monte Klamotten*, der hieß auf einmal Zuckerhut,
[dɔ mont klamɔt dɛ heɪs up eɪmɔ:l tsukəhu:t]

do köm dat Panorama schwer in Brass.
da käme das Panorama ziemlich in Unordnung.
[dɔ kœm dat panorama ʃveə ɪn bras]

Jetz froch ich üch, wem domet jehulfe es,
Jetzt frage ich euch, wem damit geholfen ist,
[jɛts frɔx ɪʃ yʃ vɛm dɔmɪt jəhulfə ɪs]

wat nütz die janze Stadtsanierung schon?
was nützt die ganze Stadtsanierung schon?
[wat nyts dɪ jansə ʃtatsani:ruŋ ʃo:n]

Do sull doch leever alles blieve, wie et es,
Da soll doch lieber alles bleiben, wie es ist,
[dɔ zul dɔx le:və aLəz bli:və vɪ: ət ɪs]

---

* Mont Klamott: Hügel gegenüber dem Herkules-Hochhaus in Ehrenfeld,
  der aus Schutt aus dem Zweiten Weltkrieg entstanden ist.

un mir behale uns're schöne Dom.

und wir behalten unseren schönen Dom.

[un miə bəha:lə unsrə ʃø:nə do:m]

Bläck Fööss

Drink doch eine met

1.

Ne ahle Mann steit für d'r Weetschaffsdüür,

Ein alter Mann steht vor der Wirtschaftstür,

[nə a:lə man ʃteɪt fyə dɔ ve:tʃafdsdyə]

dä su jan ens eine drinke däht.

der so gerne einen trinken würde.

[dɛ zu jɛ:n əns eɪnə drɪŋkə dɛ:t]

Doch hä hätt vill zo winnich Jeld,

Doch er hat viel zu wenig Geld,

[dɔx hɛ: hɛt fɪl tsu vɪnɪʃ jɛlt]

su lang hä och zällt.

so lange er auch zählt.

[zu laŋ hɛ ux tsɛʟt]

In d'r Weetschaff es die Stimmung jroß,

In der Wirtschaft ist die Stimmung groß,

[ɪn dɔ ve:tʃaf ɪs dɪ ʃtɪmuŋ jro:s]

131

ävver keiner süht dä ahle Mann.
aber keiner sieht den alten Mann.
[ɛvə keɪnə zyːt dɛ aːlə man]

Doch do kütt einer met enem Bier
Doch da kommt einer mit einem Bier
[dɔx dɔː kyt eɪnə mɪt ənəm biə]

und sprich en einfach aan:
und spricht ihn einfach an:
[un ʃprɪʃ ən eɪnfax aːn]

Refrain:

Drink doch eine met, stell dich net esu aan.
Trink doch eins mit, stell dich nicht so an.
[drɪŋk dɔx eɪne mɪt ʃtɛl dɪʃ nɪt əzu aːn]

Do steis he de janze Zick eröm.
Du stehst hier die ganze Zeit herum.
[doː ʃteɪs heː də jansə tsik ərœm]

Häs de och kei Jeld, dat es janz ejal.
Hast du auch kein Geld, das ist ganz egal.
[hɛs də ox keɪ jɛlt dat ɪs jans ejaːl]

Drink doch met und kümmer dich net dröm.
Trink doch mit und kümmer dich nicht darum.
[drɪŋk dɔx mɪt un kymə dɪʃ nɪt droem]

2.

Su mancher setz vielleich allein zo Hus,
So mancher sitzt vielleicht allein zu Hause,
[zu manʃə zɪts fɪleɪʃ aleɪn zɔhus]

dä su jään ens widder laache dät.
der so gerne mal wieder lachen würde.
[dɛ: zu jɛ:n əns vidə la:xə dɛ:t]

Janz heimlich do waat hä nur dodrop,
Ganz heimlich wartet er nur darauf,
[jans haɪmlɪʃ dɔ va:t hɛ: nuə dɔdrup]

dat einer zo em säht:
dass einer zu ihm sagt:
[dat eɪnə tso: ɪm sɛ:t]

Refrain

De Höhner

Hey Kölle

Refrain:

Hey Kölle, du ming Stadt am Rhing
Hey Köln, du meine Stadt am Rhein
[heɪ koelə du mɪŋ ʃtat am rɪŋ]

He, wo ich jroßgewode ben
Hier, wo ich groß geworden bin
[he: vo ɪʃ jro:sjəvo:də bɪn]

Du bes en Stadt met Hätz un Sil
Du bist eine Stadt mit Herz und Seele
[du bɪs ən ʃtat mɪt hɛts un zi:l]

Hey Kölle, do bes e Jeföhl
Hey Köln, du bist ein Gefühl
[heɪ koelə do bɪs ə jəfoe:l]

1.

Ich han die Städte d'r Welt jesin,
Ich habe die Städte der Welt gesehen,
[ɪʃ han də ʃtɛtə dɔ vɛlt jəzɪn]

ich wor en Rio, New York un Berlin.
ich war in Rio, New York und Berlin.
[ɪʃ vɔ ɪn rio nu: jɔk un bɛrli:n]

Se sin op ihre Art joot un schön,
Sie sind auf ihre Art gut und schön,
[zə zɪn up ɪərə a:t jo:t un ʃø:n]

doch wenn ich ihrlich ben, do treck mich nix hin.
doch wenn ich ehrlich bin, da zieht mich nichts hin.
[dɔx vɛn ɪʃ ɪəlɪʃ bɪn dɔ: trɪk mɪʃ niks hɪn]

Ich bruch vum Balkon dä Blick op d'r Dom
Ich brauche vom Balkon den Blick auf den Dom
[ɪʃ brux vum balko:n dɔ blɪk up dɔ do:m]

un op die Hüsjer bunt om Aldermaat.
und auf die Häuschen bunt auf dem Altermarkt.
[un up dɪ hy:sjə bunt um aldəma:t]

Ich bruch d'r FC un die Minsche he
Ich brauche den FC und die Menschen hier
[ɪʃ brux dɔ ɛf tse: un dɪ mɪnʃa he:]

un die joode echte kölsche Art.
und die gute echte kölsche Art.
[un dɪ jo:də ɛʃtə koelʃə a:t]

Refrain

2.

Do häs im Kreech fass m'äm Levve bezallt,
Du hast im Krieg fast mit dem Leben bezahlt,
[do: hɛs ɪm kre:ʃ fas mɛm lɛvə bətsa:lt]

doch se han dich widder opgestallt.
doch sie haben dich wieder aufgebaut.
[dɔx zə han dɪʃ vɪdə upjəʃtalt]

Die Zick, die määt och für dir net halt.
Die Zeit, die macht auch vor dir nicht halt.
[dɪ tsɪk dɪ mɛ:t ux fyə dɪə nɪt halt]

Hück häste Ecke, die sin grau un kalt.
Heute hast du Ecken, die sind grau und kalt.
[hyk hɛstə ɛkə dɪ zin jrau un kalt]

Do weed rumgebaut un vill versaut
Da wird rumgebaut und viel versaut
[dɔ ve:t roemjəbaut un fɪl fəsaut]

un trotzdäm, eines dat es jewess.
und trotzdem, eines das ist gewiss.
[un trɔtzdɛm eɪnəs dat ɪs jəvis]

Dat dä Ärger vun hück, un dat jeit flöck,
Dass der Ärger von heute, und das geht schnell,
[dat dɛə ɛrjə fun hyk un dat jeɪt flyk]

die joode ahle Zick vun morje es.
die gute alte Zeit von morgen ist.
[dɪ jo:də a:lə tsɪk fun murjə is]

Ich bleeven he, wat och passeet.
Ich bleibe hier, was auch passiert.
[ɪʃble:və he: vat ux pase:t]

136

Wo ich die Lück verstonn, wo ich verstande weed, hey hey hey.

Wo ich die Leute verstehe, wo ich verstanden werde.

[vo: ɪʃ dɪ lyk vɔʃtɔn vo: ɪʃ vɔʃtandə ve:t]

Musik: Kissmer, Lischka, Willizil, Werner-Jates, Schöner, Krautmacher, Fröhlich
Text: Willizil, Werner-Jates, Schöner, Krautmacher, Fröhlich

En d'r Kayjass

1.

En d'r Kayjass Nummer Null steit en steinahl Schull,

In der Kaygasse Nummer null steht eine steinalte Schule,

[ɪn də kaɪjas numə nul ʃteɪt ən ʃteɪna:l ʃul]

un do han mer dren studeet.

und da haben wir drin studiert.

[un dɔ: han mə drɪn ʃtudiət]

Unse Lehrer, dä heeß Welsch, sproch en unverfälschtes Kölsch,

Unser Lehrer, der hieß Welsch, sprach ein unverfälschtes Kölsch,

[unzə lerə dɛ hɪ:s vɛlʃ ʃprɔx ən unfəfɛlʃtəs koelʃ]

und do han mer bei geleet.

und bei dem haben wir gelernt.

[un dɔ: han mə beɪ jəlɪət]

Un mer han off hin un her üvverlaat

Und wir haben oft hin und her überlegt

[un mɔ han ɔf hɪn un heə yvəla:t]

un han för dä Lehrer jesaht:

und haben zu dem Lehrer gesagt:

[un han fyə dɛ le:rə jəza:t]

Refrain:

Nä, nä, dat wesse mer nit mieh, janz bestemp net mieh

Nein, nein, das wissen wir nicht mehr, ganz bestimmt
nicht mehr

[nɛ: nɛ: dat vɪsə mɔ nɪt mi; jans bəʃtɪmp nɪt mi:]

denn dat hammer net studeet.

denn das haben wir nicht studiert.

[dɛn dat hamə nɪt ʃtude:t]

Denn m'r wore beim Lehrer Welsch in d'r Klass

Denn wir waren beim Lehrer Welsch in der Klasse

[dɛn mɔ vɔ:rə beɪm le:rə vɛlʃ ɪndə klas]

do hammer su jät net geleet.

da haben wir so etwas nicht gelernt.

[dɔ hamə zu jɛt nɪt jəle:t]

Dreimol null eß null, bliev null

Dreimal null ist null, bleibt null

[dreɪmɔ:l nul ɪs nul bli:f nul]

138

denn m'r wore en d'r Kayjass en d'r Schull.
denn wir waren in der Kaygasse in der Schule.
[dɛn mɔ vɔ:rə ɪn də kaɪjas ɪn də ʃul]

2.

Eß en Schief kapott, eß ene Müllemmer fott
Ist eine Scheibe kaputt, ist ein Mülleimer weg
[ɪs ən ʃi:f kapɔt ɪs ənə mylɛmə fɔt]

hät d'r Hungk am Stätz en Doos.
hat der Hund am Schwanz eine Dose.
[hɛt dɔ huŋk am ʃtɛts ən do:z]

Kom dä Schutzmann anjerannt
Kam der Schutzmann angerannt
[kɔ:m dɛ ʃutsman a:njərant]

hätt uns veer dann ussjeschannt
hat uns vier dann ausgeschimpft
[hɛt uns fɪə dan usjəʃant]

saht „Wat maat ihr veer dann bloß?"
sagte, „Was macht ihr vier denn bloß?"
[sɛ:t vat ma:t ɪə fɪə dan blo:s]

Un mer han widder hin un her üvverlaat
Und wir haben wieder hin und her überlegt
[un mɔ han vɪdə hɪn un heə yvəla:t]

un han för dä Schutzmann jesaht
und haben zum Schutzmann gesagt:
[un han fyə dɛ ʃutsman jəsa:t]

Refrain

3.

Neulich krät uns en d'r Jass
Neulich bekam uns in der Gasse
[nɔylɪʃ krɛ:t uns ɪndə jas]

die Frau Kääzmann beim Fraaß
die Frau Kerzmann am Wickel
[dɪ frəu kɛ:tsmanz beɪm fra:s]

saht: »Wo lauf ihr Jecke hin?«
sagte: »Wo lauft ihr Verrückten hin?«
[sa:t vo ləuf ɪə jɛkə hɪn]

Uns Marieche setz zohus
Unser Mariechen sitzt zu Hause
[uns ma:ri:ʃə zɪts tsəhus]

weiß net en un weiß net us
weiß nicht ein und weiß nicht aus
[veɪs nɪt ɪn un veɪs nɪt us]

einer mußt d'r Vatter sin!
einer muss der Vater sein.
[eɪnə mus də fatə zɪn]

Un do han mer widder hin un her üvverlaat
Und da haben wir wieder hin und her überlegt
[un dɔ han mɔ vɪdə hɪn un heə yvəla:t]

140

un han för die Käätzmanns jesaht
und haben zu der Kerzmann gesagt:
[un han fyə dɪ kɛ:tsmanz jəza:t]

Refrain

© 1951 by Otto Kuhl Musikverlag KG, Frankfurt/M.
Text: Willi Herkenrath
Melodie: Hermann Kläser
Abdruck erfolgt mit freundlicher Genehmigung von Otto Kuhl Musikverlag KG,
Frankfurt/M.

De Höhner
Viva Colonia

Met ner Pappnas gebore, dr Dom en dr Täsch,
Mit einer Pappnase geboren, den Dom in der Tasche,
[met nɔ papna:s jebɔ:rə dɔ do:m en dɔ teʃ]

han mir uns jeschwore: Mer jon unsre Wääch
haben wir uns geschworen: Wir gehen unseren Weg
[han mə uns jeʃvɔ:rə mə jɔn unsrə vɛ:ʃ]

Alles wat mer krieje künne nemme mer och met,
Alles, was wir kriegen können, nehmen wir auch mit,
[aləs vat mə krijə kynə nɪmə mə ux mɪt]

weil et jede Augenbleck nur einmol jitt …
weil es jeden Augenblick nur einmal gibt …
[vaɪl ət je:də ourəblɪk nuə eɪnmɔ:l jɪt]

Mer jon zom FC Kölle un mer jon zom KEC.
Wir gehen zum 1. FC Köln und wir gehen zum KEC.
[mə jɔn tsum ɛf tse koelə un mə jɔn tsum ka:e:tse:]

Mer drinke jän e Kölsch un mer fahre KVB.
Wir trinken gern ein Kölsch und wir fahren KVB.
[mə drɪŋke jɛ:n ə koelʃ un mc fa:rə kafaube:]

Henkelmännche – Millowitsch, bei uns es immer jet loss
Henkelmännchen* – Millowitsch, bei uns ist immer was los
[hɛŋkəlmɛnʃə milovɪtʃ beɪ uns ɪs ɪmə jɛt lɔs]

Mer fiere fiere jän – ejal of klein of jross – wat et och koss'!
Wir feiern feiern gern, egal ob klein, ob groß – was es
auch kostet!
[mə fɪərə fɪərə jɛ:n eja:l up kleɪn up jro:s vat ət ux kɔs]

Refrain:

Da simmer dabei! Dat is prima!
Da sind wir dabei, das ist prima!
[da sɪma dabaɪ dat ɪs prɪ:ma:]

Viva Colonia!
Wir lieben das Leben, die Liebe und die Lust.
Wir glauben an den lieben Gott und hann noch immer
Durst.
Mer han dä Kölsche Klüngel un Arsch huh – su heiss' et he!
Wir haben den kölschen Klüngel, und Arsch hoch – so
heißt es hier!
[mə han dɛ: koelʃə klyŋl un a:ʃ hu: zu heɪs ət he:]

---

* Henkelmännchen = KölnArena. Oder jetzt: LanxessArena

Alaaf op Ruusemondaach un Aloah CSD
Alaaf auf Rosenmontag und Aloah auf dem CSD
[ala:f up rusəmɔ:nda:x un aloa tseɛsde:]

Mer sin multikulinarisch, mer sin multikulturell
Wir sind multikulinarisch, wir sind multikulturell
[mɪr sɪ multɪkulɪna:rɪʃ mɪr sɪn multɪkulturɛl]

Mer sin in jeder Hinsicht aktuell – auch sexuell

Mer lääve hück – nit murje, zo schnell verjeiht die Zick.
Wir leben heute, nicht morgen, zu schnell vergeht die
Zeit.
[mə lɛvə hyk nɪt murjə tso ʃnɛl fəjeɪt də tsik]

L. M.A. A. ihr Sorje, mer lääve dä Aujenbleck.
LMAA ihr Sorgen, wir leben den Augenblick.
[ɛl ɛm a a ɪə surjə mə lɛ:və dɛ ourəblɪk]

… un dä es jenau jetz'!
Und der ist genau jetzt!
[un dɛ: əs jenau jɛts]

Text und Musik: Fröhlich, Werner, Schöner, Krautmacher, Rudnik

Bläck Fööss

In unserem Veedel

1.

Wie sull dat nur wigger jon, wat bliev dann hück noch stonn?

Wie soll das nur weitergehen, was bleibt denn heute noch stehen?

[vi: zul dat nuə vigə jɔn vat bli:f dan hyk nɔx ʃtɔn]

Die Hüsjer un Jasse, die Stüncher beim Klaafe, es dat vorbei?

Die Häuschen und Gassen, die Klatschstündchen, ist das vorbei?

[dɪ hy:sjə un jasə dɪ ʃtyntʃɔ beɪm kla:fə ɪs dat fɔəbeɪ]

In d'r Weetschaff op d'r Eck stonn die Männer an d'r Theek.

In der Wirtschaft auf der Ecke stehn die Männer an der Theke.

[ɪn dɔ ve:tʃaf up dɔ ɛk ʃtɔn dɪ mɛnə an dɔ te:k]

Die Fraulückscher setze beim Schwätzje zesamme, es dat vorbei?

Die Frauen sitzen beim Schwätzchen zusammen, ist das vorbei?

[dɪ frəulykʃə zɪtsə beɪm ʃvɛtsjə tsɔzamə ɪs dat fɔəbeɪ]

Refrain:

Wat och passeet, dat eine es doch klor:

Was auch passiert, das eine ist doch klar:

[vat ux pase:t dat eɪne ɪs dɔx klɔə]

Et Schönste, wat m'r han schon all die lange Johr
Das Schönste, das wir haben, schon all die langen Jahre
[ət ʃøːnstə vat mɔ han ʃoːn al dɪ laŋə jɔː]

Es unser Veedel, denn he hält m'r zesamme,
Ist unser Viertel, denn hier hält man zusammen,
[ɪʃ unzə feːdəl dɛn heː hɛlt mɔ tsɔzamə]

ejal, wat och passeet en unserem Veedel.
egal, was auch passiert in unserem Viertel.
[eːjaːl vat ux paseːt ɪn unzrəm feːdəl]

2.

Uns Pänz, die spille nit em Jras
Unsere Kinder, die spielen nicht im Gras
[uns pɛnts dɪ ʃpɪlə nɪt əm jraːs]

un fällt ens einer op die Nas,
und fällt einmal eins auf die Nase,
[un fɛlt əns eɪnə up dɪ naːs]

die Bühle un Schramme, die fleck m'r zesamme,
die Beulen und Schrammen, die flicken wir zusammen,
[dɪ byːlə un ʃramə dɪ flek mɔ tsɔzamə]

dann es et vorbei
dann ist es vorbei
[dan ɪs ət fɔəbeɪ]

Refrain

2. Refrain:

Wat och passeet, dat eine es doch klor:
Was auch passiert, das eine ist doch klar:
[vat ux paseːt dat eɪne ɪs dɔx klɔə]

M'r blieve wo m'r sin, schon all die lange Johr –
Wir bleiben, wo wir sind, schon all die langen Jahre –
[mɔ bliːvə voː mɔ zɪn ʃoːn al dɪ langə jɔː]

In unserem Veedel, denn he hält m'r zesamme,
In unsrem Viertel, denn hier hält man zusammen,
[ɪn unzrəm feːdəl dɛn heː hɛlt mɔ tsəzamə]

ejal, wat och passeet en unserem Veedel.

© 1978 by De Bläck Fööss Musikverlag GmbH, Bergisch Gladbach
Musik: Priess, Engel, Stoklosa, Schütten, Lückerath, Jänisch
Text: Jonny Halvey

Bläck Fööss
Dat Wasser vun Kölle

Prolog:

Als unser Vatter do bovven de Welt jemaat
Als unser Vater da oben die Welt erschaffen hat
[als unzə fatə dɔ buvə də vɛlt jəmaːt]

do hätt hä et schönste Fleckche Ääd he an d'r Rhing jelaat.
da hat er das schönste Fleckchen Erde hier an den Rhein
gelegt.
[dɔː hɛt hɛ ət ʃønstə flɛk ʃə ɛːt heː aːn dɔ rɪŋ jəlaːt]

146

Dann nohm hä die Kölsche an de Hand un saat:
Dann nahm er die Kölschen an die Hand und sagte:
[dan nɔ:m hɛ: dɪ kølʃə an də hand un sa:t]

Dat es jetz üch – et jelobt Land.
Das gehört jetzt euch – das gelobte Land.
[dat ɪs jɛts yʃ – ət jəlo:btə lant]

He künnt ihr klüngele, bütze, singe un fiere,
Hier könnt ihr klüngeln, küssen, singen und feiern,
[he kyntə klyŋələ bytsə sɪŋə un fi:rə]

ävver halt m'r all die Sache öm Joddeswille en Ihre,
aber haltet mir die ganzen Sachen um Gottes willen in
Ehren,
[ɛvə halt mɔ dɪ sa:xə œm jɔdəsvɪlə ɪn i:rə]

un maat och nit nur ei Deil dovun kapott;
und macht auch nicht nur ein Teil davon kaputt;
[un ma:t ux nɪt nuə eɪ deɪl dɔfun kapɔt]

denn ihr weß, ich sin alles,
denn ihr wisst, ich sehe alles,
[dɛn ɪə vɪs ɪʃ sɪn aləs]

un dann nemm ich et üch widder fott.
und dann nehme ich es euch wieder weg.
[un dan nɛm ɪʃ ət yʃ vɪdə fɔt]

Refrain:

Oh leeve Jott, jev uns Wasser, denn janz Kölle hät Doosch,

Oh lieber Gott, gib uns Wasser, denn ganz Köln hat Durst,

[oː leːvə jɔːt jɪf uns vasə dɛn jants kœlə hɛt doːʃ]

oh leeve Jott, jev uns Wasser und helf uns in d'r Nut.

oh lieber Gott, gib uns Wasser, und hilf uns in der Not.

[oː leːvə jɔːt jɪf uns vasə un hɛlf uns ɪn də nuːt]

1.

Ming Blome losse alles hänge, wä hilf in d'r Nut?

Meine Blumen lassen alles hängen – wer hilft in der Not?

[mɪŋ bloːmə lɔsə aləs hɛŋə wɛː hɪlf in də nuːt]

D'r Wellesittich es wie jeck am schänge, dä Jung hät si- cher Woot.

Der Wellensittich schimpft wie verrückt – der Junge ist si- cher wütend.

[də vɛləzɪtɪʃ is vɪ jɛk am ʃɛŋə dɛ juŋ hɛt ziʃə voːt]

Uns Joldfisch han de Auge deck un sage keine Ton.

Unsere Goldfische haben dicke Augen und sagen keinen Ton.

[uns jɔltfɪʃ han dɪ əurə dɪk un saːrə keɪnə toːn]

De Wäschmaschin spillt total verrück, woröm hät d'r Minsch Calgon.

Die Waschmaschine spielt total verrückt, warum hat der Mensch Calgon.

[də vɛʃmaʃiːn ʃpɪlt totaːl fɔryk vɔrœm hɛt də mɪnʃ kalgoːn]

148

Ming Filme entwickel ich ovends im Rhing,
Meine Filme entwickle ich abends im Rhein,
[mɪŋ filmə ɛntvɪklə ɪʃ ɔvəndz ɪm rɪŋ]

dat jeit janz joot, denn do es alles dren.
das geht ganz gut, denn da ist alles drin.
[dat jeɪt jans jo:t den dɔ: ɪs aləs drɪn]

Och wemmer av un zo d'r Dönnscheß han,
Auch wenn wir ab und zu Durchfall haben,
[ox vɛmə af un tso: dɔ dynʃɪs han]

mer jläuve wigger dran.
wir glauben weiter dran.
[mɔ jloyvə vɪgə dra:n]

Refrain:

Dat Wasser vun Kölle es joot,
Das Wasser von Köln ist gut,
[dat vasə fun køllə ɪs jo:t]

dat Wasser vun Kölle es joot,
dat Wasser vun Kölle, Wasser vun Kölle, dat Wasser vun
Kölle es joot.

**Oh leeve Jott, jev uns Wasser, denn janz Kölle hät
Doosch,**
oh leeve Jott, jev uns Wasser und helf uns in d'r Nut.

2.

Ming Nierestein sin schwer am kumme, oh Herr, wat deit dat wieh.
Meine Nierensteine kommen mit aller Gewalt, oh Herr, wie tut das weh.
[mɪŋ niːrəʃteɪn zɪn ʃvɛə am kumə əu hɛr vat deɪt dat vi]

Och d'r Hoorusfall, dä hät zojenomme, do hilf kei Böschte mieh.
Auch der Haarausfall hat zugenommen, da hilft kein Bürsten mehr.
[ux də hɔːusfal dɛː hɛt tsoːjənumə dɔː hɪlf keɪ bøːʃtə mɪ]

Alle Wasserrühre sin total verstopp, die dröppe vür sich hin.
Alle Wasserrohre sind total verstopft, die tropfen vor sich hin.
[alə vasəryrə zɪn total fəʃtop dɪ drœpə fyə zɪʃ hɪn]

Om Kaffee schwemp ne fiese Ölfilm drop, wie kütt dat Öl do ren?
Auf dem Kaffee schwimmt ein ekelhafter Ölfilm, wie kommt das Öl da rein?
[um kafe ʃvɪmp nə fiːzə œlfɪlm drup viː kyt dat øəl dɔrɪn]

Uns Feuerwehr, die es bestemp nit schläch,
Unsere Feuerwehr, die ist bestimmt nicht schlecht,
[uns fəyəveə dɪ ɪs bəʃtɪmp nɪt ʃlɛːʃ]

150

doch wenn se lösch, Jung, do brennt et eets räch.

aber wenn sie löscht, Junge, dann brennt es erst recht.

[dɔx væn zə lœʃ juŋ dan brɛnt ət eːts rɛːʃ]

Oh Herr, dunn e Wunder, üvverläch et dir,

Oh Herr, tu ein Wunder, überleg es dir,

[o heə dun ə vundə yvəlɛːʃ ət dɪə]

sons stonn m'r morje vür dinger Dür.

sonst stehen wir morgen vor deiner Tür.

[zuns stɔmə murjə fyə dɪŋə dyə]

Brings
Superjeilezick

Maach noch ens die Tüt an, he is noch lang nit Schluss,

Steck noch mal die Tüte an, hier ist noch lange nicht
Schluss.

[maːx ncrənz dɪ tyːt aːn heː es nɔx laŋ net ʃlus]

Un uch noch en Fläsch op, ich will noch nit noh Huus.

Und mach noch eine Flasche auf, ich will noch nicht nach
Hause.

[un ux nɔrən flɛʃ up ɪʃ vil nɔx nit nɔː hus]

Ich kenn en paar Schüss, die han jenau wie mer,

Ich kenne ein paar Mädchen, die genau wie wir,

[iʃ kɛn ən paː ʃys dɪ han jenau vɪ mɪr]

Bock op en Party, sag dat jeit doch hier.
Bock auf eine Party haben. Sag, das geht doch hier.
[bɔk up ən paːtɪ saːx dat jeɪt dɔx hiə]

Kumm, maach keine Ärjer, maach uns keine Stress.
Komm, mach keinen Ärger, mach uns keinen Stress.
[kum maːx keɪnə ɛːrjə maːt uns keɪna ʃtrɛs]

Mer sin uch janz leis un maache keine Dress.
Wir sind auch ganz leise und machen keinen Scheiß.
[mə sɪn ux jans leɪs un maːxə keɪnə drɪs]

A bessje jet Rauche, jet Suffe un dann loore
Ein bisschen rauchen, was trinken und dann sehen
[ə bɪsjə jɛt rouxə jɛt sufə un dan luərə]

ob mer mit dä Schüss jet danze kann.
ob wir mit den Mädchen tanzen können.
[op mɔ mɪt dɛː ʃys jɛt dansə kan]

Refrain

Nä, wat wor dat dann fröher en superjeile Zick,
Nee, was war das doch früher eine supergeile Zeit,
[nɛː vat vɔː dat dan froeə en supəjaɪlə tsik]

mit Träne in d'r Auge loor ich manchmol zurück.
mit Tränen in den Augen schau ich manchmal zurück.
[mɪt trɛːnə ən də ourə luə ɪʃ manʃmɔːl tsəryk]

152

Bin ich hück op d'r Roll nur noch half su doll,
Wenn ich heute auf die Rolle gehe, dann nur noch halb so
wild,
[ben ɪʃ hyk up də rɔl nuə nɔx half zu dɔl]

doch hück Naach weiss ich nit wo dat enden soll.
doch heute Nacht weiß ich nicht, wie das enden soll.
[dɔx hyk na:x veɪs ɪʃ nɪt vo dat ɛndə sul]

Et weed immer späder, drusse weed et hell.
Es wird immer später und draußen wird es hell.
[et ve:t ɪmə ʃpɛtə un drusə ve:t ət hɛl]

Mer sitze noch zesamme bei Biercher un Verzäll.
Wir sitzen noch zusammen beim Bierchen und Quat-
schen.
[mə zɪtse al tsəzamə beɪ biərʃə un fatsɛl]

Et is fast wie fröher, doch ich muss noh Huus
Es ist fast wie früher, doch ich muss nach Hause
[ət ɪs fas vi: frøə dɔx ɪʃ mus nɔ: hus]

do fängt et an ze schneie, medden im August.
doch da fängt es an zu schneien, mitten im August.
[dɔ: feŋk ət a:n tsə ʃnaɪə mədn ɪm aujus]

Et is mir dressejal, ob ich hück umfall,
Es ist mir scheißegal, wenn ich heute umfalle,
[ət ɪs mɔ drɪseja:l op ɪʃ hyk upfal]

ob ich noch schwade, oder nur noch lall.
wenn ich noch quatsche oder nur noch lalle.
[op ɪʃ nɔx ʃva:de ɔdə nuə nɔx lal]

Erwachse weede kann ich uch morje noch.

Erwachsen werden kann ich auch noch morgen.

[ɛrvaksə veːdə kan ɪʃ ux murjə nɔx]

Langsam weed et he jemötlich, denn die Schüss, die laufe op.

Langsam wird es hier gemütlich und die Mädchen drehen auf.

[laŋsam veːdət heː jemøtlɪʃ den dɪ ʃys dɪ loufə up]

Text und Musik: Peter Brings,
Stephan Brings

Zum Weiterlesen

Assenmacher/Euler-Schmidt/Schäfke: *175 Jahre und immer wieder Karneval*. Köln 1997.

Auswahlkatalog Kölnisches Stadtmuseum. Stadt Köln 1984.

Jubiläumsschrift der Kölnischen Karnevalsgesellschaft, 1995.

Laufenberg, Gerda: *Kölner Liederbuch*. Köln 1988, Wienand Verlag.

Liessem, Thomas: *Willi Ostermann. Leben und Wirken des rheinischen Volksliederdichters*. Köln 1936, Verlag der Buch- und Kunsthandlung Joseph Höfer am Gürzenich.

Matthaei, Renate: Matronen, heilige Jungfrauen und wilde Weiber. Zur Geschichte der Kölner Weiberfastnacht. Weilerswist 2001, Verlag Landpresse.

Matthei, Renate: Der kölsche Jeck. Zur Karnevals- und Lachkultur in Köln. Dabbelju 2009.

Merk, Silvia/Tewes, Frank: *Met Fleute, Quetsch un decker Trumm*. Das musikalische Karnevals-Lexikon. Köln 1998.

Pluwatsch, Petra: Weiberfastnacht. Die Geschichte eines ganz besonderen Tages. Verlag Kiepenheuer & Witsch, Köln, 2007.

Prass, Ilse: *Treffpunkt Karneval*. Köln 1995, Bachem Verlag.

Prass, Ilse/Zöller, Klaus: *Vom Helden Carneval zum Kölner Dreigestirn 1823–1992*. Köln 1993, Greven Verlag.

Wrede, Adam: *Neuer Kölnischer Sprachschatz*. Köln 1956/1988, Greven Verlag.

Bildnachweise

Stefan Worring: 23, 29, 51, 57, 60, 63, 88, 91, 93, 109, 120, 123

Foto-Team: 53

Manfred Funken: 36

Ehrengarde: 112

Hänneschen-Theater: 118

privat: 18, 96, 98

Christine Westermann
Stefan Worring

KARNEVAL

Bilder und Geschichten

KiWi

Stefan Worring / Christine Westermann. Karneval. Bilder und
Geschichten. Großformatiger Bildband. Gebunden

»Stefan Worring kennt als Fotograf [...] alle Ausprä-
gungen eines Phänomens, das vor allem dann so fas-
zinierend wird, wenn sich Unterschiedliches und gar
Gegensätzliches vermischt. All das zeigen seine Bilder,
zu denen die Journalistin Christine Westermann liebe-
volle, kurze Texte beisteuert. Eine Liebeserklärung an
ein Fest, das ›weltweit einzigartig‹ ist.«
Helmut Frangenberg, Kölner Stadt-Anzeiger

www.kiwi-verlag.de

Petra Pluwatsch. Weiberfastnacht. Die Geschichte eines ganz
besonderen Tages.

Kein Donnerstag wie jeder andere und keine Uhrzeit wie
jede andere: 11.11 Uhr auf dem Alter Markt. Weiberfastnacht
in Köln, und nichts geht mehr an diesem Tag.

Petra Pluwatsch erzählt in „Weiberfastnacht" die Geschichte
dieses ganz besonderen Tages und zeichnet die ungewöhn-
liche Karriere des alten Frauenfestes nach, das es vom Mau-
erblümchen bis zur kalendarischen Nummer Eins der tollen
Tage gebracht hat.

Eine kölsche Frauengeschichte in elf Kapiteln.

www.kiwi-verlag.de

Renate Matthaei. Der kölsche Jeck. Zur Karnevals- und
Lachkultur in Köln. ISBN 978-3-939-66611-0

Der kölsche Jeck ist nicht nur eine Karnevalsfigur,
sondern prägte auch in einzigartiger Weise die Men-
talität der Kölner. Die Betrachtung beginnt schon
weit vor dem organisierten Karneval von 1823, beim
Jeckentum des Mittelalters und spannt einen Bogen
bis zu den Büttenreden und Karnevalsliedern von
heute. Der »Kölsche Jeck« ist ein Werk, das zu den
umfassendsten zum Thema Humorkultur in Köln gehört. Mit einem Vorwort von Hartmut Priess.

www.dabbelju.de